KB162122

24세
황태일

그는 왜 세계가 주목하는 한국 청년 CEO인가?

이인수 지음

가나북스

24세
황태일 그는 왜 세계가 주목하는 한국 청년 CEO인가?

2016년 07월 30일 초판 발행
2016년 09월 05일 개정 1쇄

지은이 이인수
펴낸이 배수현
디자인 유재헌
홍 보 배성령
제 작 송재호

펴낸곳 가나북스 www.gnbooks.co.kr
출판등록 제393-2009-12호
전 화 031-408-8811(代)
팩 스 031-501-8811

ISBN 979-11-86562-39-0(03320)

· 가격은 뒤 표지에 있습니다.

· 잘못된 책은 구입하신 곳에서 교환해 드립니다.

나는 지난 20년 동안 KBS 다큐멘터리를 제작해 온 프로듀서다.

세계 각지를 돌아다니며 수많은 사람을 만났다. 성공한 사람, 실패한 사람, 어린 청년에서 100세가 넘는 고령에 이르기까지 다양하고 특별한 삶을 살아낸 사람들의 이야기를 담아냈다.

그중에는 역사책에 기록된 '위인'들의 삶과 업적을 재조명하는 작업도 있었고, 제대로 평가받지 못한 역사적 인물을 과거 속에서 불러내 새로운 감동과 의미를 부여하기도 했다.

그렇게 사람들을 만나 취재하면서 내 가슴이 뜨거워지는 벅찬 감동의 순간도 많이 있었다. 하지만 늘 질문 하나가 떠나지 않고 머릿속을 맴돌았다.

'무엇이 저들의 삶을 의미 있게 만들었을까?'

사실 역사에 기록될 만큼의 뛰어난 분들을 주변에서 만나기는 쉽지 않다. 대부분의 사람들은 눈앞의 일들에 휘둘리고, 주변 사람들과 부대끼며 자신의 부와 명예에 허덕이다 세상을 뜬다. 비범한 사람과 평범한 사람을 가르는 그 한 끗, 그것은 무엇일까?

사람들의 삶을 카메라 렌즈로 들여다보고, 다큐멘터리로 재해석하고 재구성하는 작업 속에서 나는 끊임없이 고민하며 면밀히 관찰하고 살펴보았다.

황태일에 대한 이야기를 들은 것은 2015년 겨울이었다.

미국에서 학교를 다녔고, 가족과 친지들 중에 미국에서 거주하는 이가 많기 때문에 나는 늘 미국 속 한국인의 삶에 관심이 많았다. 황태일은 미국에 사는 한 지인의 소개로 알게 되어 관심을 갖고 미국 내 언론을 검색하면서 발견한 젊은이였다.

황태일을 보도한 미국언론

황태일은 중학교 재학 중 14살 때부터 자선단체 회사를 2개나 설립하여 구호활동을 벌여 미 전국적으로 큰 화제가 되었다. −2005년 워싱턴 포스트지

황태일은 16세 때 2007년 타임지에서 '차세대 지도자 25명'에 선정되었다. −2007년 타임지

황태일은 고등학교 때 미국 몽고메리카운티 선출직 교육위원에 출마하여 당선, 카운티와 주 의회 의원들을 대상으로 뛰어난 입법 활동을 했다. −2008 워싱턴 포스트지

황태일은 17세 고등학교 때 오바마 대통령 캠페인 매니저로 활동하여 오바마 대통령 당선에 기여를 했다. −2008년 워싱턴 포스트지

황태일은 21세 때 벤처사업가로 피스컬노트 라는 벤처회사를 창립하여 미국 내에서 어마어마한 펀딩을 받고 CNN−TV TOP에 선정되었다. −2015년 CNN TV

황태일은 미국의 제2의 빌 게이츠라는 별명을 가지면서 미 언론의 큰 주목을 받고 있다. −2015년 미 베데스타 월간지

자, 어떤가!

황태일의 이력서를 들여다보는 순간, 나는 정말 많이 놀랐다. 그리고 당장 미국행 비행기에 올랐다. 그를 만나야 했다. 그리고 그가 어떻게 이런 성공을 이룰 수 있었는지 확인해 보고 싶었다. KBS의 특별한 관심속에 전격적으로 방송 편성이 이뤄졌다.

2016년 2월

우리의 만남을 통해 나는 황태일의 많은 것을 보았다. 그리고 그에 대한 다양한 이야기를 들었다. 황태일의 삶을 더 깊이, 깊이 들여다볼수록 이제까지 보지 못했던 새로운 세계를 보게 되었고 감탄과 감동이 절로 내 맘 깊숙이 울려왔다. 그것은 정말 놀라운 일이었다. 비록 그는 이십대 초반 젊은이지만 그의 신념과 의지, 그가 밟아온 행보는 정말 한마디로 나의 생각과 기대를 뛰어 넘는 파격 그 자체였다. 부족하나마 이제 나는 내가 만난 황태일을 기록으로 남겨 많은 젊은이들과 공유하고 싶다는 마음이 들었다.

그 첫 번째 기록은 2016년 3월 KBS〈다큐공감〉이라는 다큐멘터리를 통해 정리되었다. 그리고 이제 두 번째 기록을 정리하려 한다. 정해진 시간과 규칙 그리고 까다로운 방송 심의 같은 제약들 때문에 한 시간의 영상 속에 비친 황태일의 모습만 가지고 그를 소개하기엔 시간이 너무 짧고 아쉬웠다.

그래서 책을 펴 알리기로 결심했다. 방송을 통해서 소개되지 않은 황태일의 깊은 내면, 그리고 그의 파격적인 활동과 그만이 갖고 추진하는 그의 놀라운 미래를 소개하고자 한다.

　내가 만난 황태일.

　그 시간 속에서 나는 오늘날 우리에게 필요한 젊은이를 만났고 오늘날 이 시대에 새로운 모델이 될 만한 젊은이를 만났다고 생각했다.

　우리 모두가 다 황태일이 될 수는 없다. 아니 모두가 황태일과 똑같은 길을 걸어갈 수는 없다.

　그러나 나는 확신한다.

　우리가 이 책을 통해 황태일을 만나는 순간, 나는 지금 누구며? 나는 지금 어떤 길을 가고 있고, 지금 어디로 가야하는지를 돌아볼 수 있을 것이며 나 자신을 재발견하는 의미 있는 시간을 가질 수 있을 것이다.

이인수감독과 황태일

　이 책이 나오기 까지 도와주신 배수현 대표님과 정영미 작가님 그리고 박지현 작가에게 깊은 감사를 드린다.

이인수

2016년 뉴욕시의 겨울은 유난히도 추웠다.

세계 경제를 이끌고 있는 미국, 그 안의 뉴욕시는 지난 반세기 동안 세계의 중심 속에 있고 지금도 매우 중요한 도시로 주목 받고 있다.

미국의 명문 아이비리그 대학 중에 하나인 컬럼비아대학은 그 뉴욕의 심장부, 맨허턴 중심에 우뚝서있다.

특별히, 컬럼비아대학 경영대학원 MBA 과정은 미국뿐 아니라 세계 경제를 리드해나가는 일군들을 키워내는 허브로써의 역할을 잘 감당하고 있다. 그런데 1년 전부터 이 대학에서는 24세의 최연소 어린 강사가 경영대학원 MBA과정 학생들에게 특강을 하며 새로운 돌풍을 일으키며 큰 인기를 얻고 있다.

그의 이름은 24세 황태일.

그에 대한 인기와 반응을 경영대학원 학장이신 로버트 글렌 허바드 박사를 만나면서 금방 알 수 있었다.

한 때 미국경제를 좌지우지하며 미국과 세계 경제를 이끌고 주목 받았던 로버트 글렌 허바드 학장은 학자로써도 매우 유명하지만, 그보다 전, 백악관 미 부시대통령 경제수석까지 역임했던 그는 세계가 주목하는 당대 최고의 경제학자이다.

○ 인터뷰: 로버트 글렌 허바드 (콜롬비아대학 경영대학원 학장, 전 부시대통령 경제수석)

로버트 글렌 허바드 (콜롬비아대학 경영대학원 학장, 전 부시대통령 경제수석)

"황태일은 정말 우연한 기회에 알게 되었습니다. 어느 날 콜롬비아 대학원에서 MBA 수업을 듣는 학생이 저를 급히 찾아왔어요. "학장님 제가 얼마 전부터 '이 세상에서 가장 똑똑한 기업가'와 일하게 되었는데 정말 놀라워요 학장님도 반드시 한 번 만나보셔야 해요."라고

말했어요. 누구보다 똑똑하다고 자부하던 우리 대학원 학생의 그 한마디가 저를 새로운 세계로 이끌어 갔습니다.

도대체 얼마나 똑똑하고 무엇이 어떻게 다르길래 …

그토록 칭찬을 하며 반드시 만나보아야한다고 강력하게 추천하는지 …

맞아요 '세상에서 가장 똑똑한 기업가'가 바로 황태일이었어요. 그래서 나는 이 곳 콜롬비아대학에 그를 정식으로 초청하였어요. 그와 첫 번째 미팅에서 저는 큰 충격을 받았습니다. 한마디로 그의 인기가 왜 그렇게 높은지 제가 바로 실감하게 되었지요. 그는 정말 놀라운 청년이었습니다. 나는 바로 그 자리에서 우리 대학원 학생들을 위해 특강을 해달라고 부탁했어요.

어렵게 그의 특강 승낙을 받고, 그 후로 그와의 잦은 교제를 통해 나는 황태일 만이 갖고 있는 독창적이고 창의적인 경영철학을 알게 되었습니다. 황태일이 해왔던 사업의 독특한 점들은, 그 사업들이 사회에 암 덩어리처럼 존재하는 문제점을 통쾌하게 없애주어 왔다는 것이지요. 황태일이 창업한 피스컬노트의 예를 봐도, 시민들은 물론 전문 경영인들에게까지도 멀게만 느껴져 왔던 법률 및 법규정들을 바로 우리 눈앞에서 손쉽게 접할 수 있도록 만들어 주었고 더 나아가 휴대폰으로 어디서나 쉽게 검색할 수 있도록 해주었으니… 정말 통쾌하지 않습니까?

황태일은 14살 어린 중학생 때부터 사회에서 소외된 계층의 문제를 해결하려고 사업경영에 직접 뛰어들었고, 그것을 바탕으로 21살 때부터는 놀라운 사업능력과 기발한 아이디어를 개발하여 전문가들조차 쉽게 다룰 수 없었던 까다로운 법률문제까지도 누구나 쉽게 접하도록 만들었으니 과연 황태일은 이 시대에 빛나는 최고의 경영인이라 확신하지 않을 수 없습니다. 이제 난 황태일과 그가 마든 피스컬노트 회사와 그의 하는 모든 일들을 전적으로 신뢰하고 지원하게 되었습니다. 더 나아가 이제 피스컬노트의 열렬한 팬이 되었고, 투자자까지 된 것을 매우 기쁘고 행복하게 생각합니다."

01
성 공 의 첫 번 째 열 쇠

가족

황지성 이미영 부부

젊은 엘리트 부부의 선택

설 연휴가 막 지난 뒤였다. 황태일의 부모를 만나기 위해 미국 중서부 덴버로 향했다. 덴버는 콜로라도 주의 수도로 인구가 가장 많은 대도시다. 집의 크기와 살림살이로 성공여부를 따진다면 황태일의 부모는 분명 미국에서 성공한 이민자 그룹에 속할 것이다. 하지만 인생의 성공은 결코 돈으로만 환산될 수는 없다. 특히 자신의 성공여부가 아니라 자식의 문제를 따진다면 더 어려워지는 법. 어쨌든 24살의 황태일은 부모로부터 독립해 워싱턴 D.C.의 작은 아파트에서 생활하고 있었고, 그의 부모는 안락한 노후를 보내는 듯 보였다.

황태일의 아버지 황지성씨는 서울대학교 물리학과를 졸업한 수

재였다. 대학을 졸업한 80년대, 그는 미국행 비행기를 탔다. 좀 더 넓은 땅에서 공부를 계속하고 싶다는 열망에 택한 길이었다. 그런데 이때 그의 미국 유학을 적극적으로 추진해준 이가 그의 아버지, 즉 황태일의 할아버지였다. 미국이 기회의 나라라는 것을 일찌감치 깨닫고 아들에게 새로운 길을 제시한 것이다. 당시 한국은 정치적으로 아주 어려운 상황이었고, 바르게 학문 탐구에만 전념하기에는 유혹이 너무 많았다.

황태일의 할아버지는 한남대학교 창립 멤버이자 경기대학교 총장을 역임하신 한국 교육계의 거장이었고, 증조부는 한국 평양신학교를 졸업한 초대 기독교인으로 한국기독교 역사에 기록돼있는 분이었다. 한마디로 황태일의 집안은 '기독교'라는 정신적 베이스와 '학문 탐구'라는 과제를 숙명처럼 받들고 있었다.

황태일의 아버지 황지성씨는 미국에서 아내 이미영씨를 만났다. 황태일의 어머니인 이미영씨 또한 이화여대에서 미술을 전공한 수재였다. 이미영씨는 미국 미시건주 주립대학원으로 유학을 와 공부를 하고 있던 중이었다. 두 사람은 미시건의 한 작은 교회에서 만났다. 그런데 만나자마자 이건 인연이라고 느꼈다 한다. 왜냐하면 한국에서 대학을 다닐 때 지인의 소개로 얼굴을 본 적이

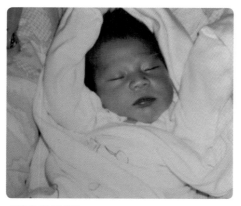

신생아 때 황태일

있었기 때문이다. 한국에서는 그저 친구 정도로만 여겼는데, 낯선 미국 땅에 와서 유학생이라는 같은 처지에 놓이고 보니 둘은 급속도로 가까워졌다. 두 사람은 곧 결혼을 했고 4년 만에 큰아들 황태일이 태어나게 된다.

황태일은 자신의 부모님에 대해 '도전을 즐기는 분'이라고 말한다. 아무런 기반도 없이 미국에서 새로운 삶을 꾸려나갔다는 점, 식당에서 음식을 주문하는 것조차 녹록치 않은 영어 실력으로 그 한계를 극복하기 위해 노력했다는 점, 고단한 일상 속에서 지치지 않고 신앙과 종교 생활을 열심히 꾸려갔다는 점에서 부모님의 인생은 박수를 받을만하다는 것.

세상의 모든 부모는 자식과 가족을 위해 헌신한다. 하지만 세상의 모든 부모가 자식들에게 좋은 평가를 받는 것은 아니다.

특히 언어와 문화, 정체성의 혼란을 겪기 마련인 이민자의 가족들은 부모 세대와 자식 세대 간에 대립과 충돌이 잦다. 미국식 교육을 받으며 자라는 아이들의 눈에 동양인 부모는 작고 초라해 보이기 때문이다.

하지만 황태일은 늘 한결같은 태도로 신앙생활을 꾸려가는 부모님이 존경스러웠다. 그의 부모님께서는 성경을 통해 얻은 종교적 지식과 신념을 지키기 위해 부단히 노력해왔다. 그것은 돈과 명예를 지키는 일보다 더 어려운 것이었음을 자라면서 느껴왔기에 황태일은 도리어 부모를 자랑스럽게 여겼다. 신혼 초 미시건에서 살던 황지성씨와 이미영씨는 황태일이 3~4살 정도가 되었을 때 워싱턴으로 이사를 가게 된다. 어머니 이미영씨는 박물관에서 일하고 아버지 황지성씨는 미국 국립보건원 NIH에서 연구원으로 일하며 그곳에서 자리를 잡는다.

그리하여 황태일은 메릴랜드 볼티모어와 노스 포토맥이라는 워싱턴 D.C. 근교 지역에서 어린 시절을 보내게 된다. 황태일은 자신의 집을 아주 평범하고 전형적인 가정의 모습으로 회상한다. 황태일의 외가는 예술가 집안이었다. 어머니는 미술을 전공했고 이모와 외숙부도 미술 쪽에 종사하고 있으며 콘서트 피아니스트와 화가로 성공한 분도 있다. 외할아버지는 시인, 하지만 사실 어린 시절 황태일에겐 예술 쪽의 특별한 재능은 발견되지 않았다. 그 스스로도 이런 예술적인 유전자가 자신에게도 있는 건지는 잘 모르겠다고 한다. 하지만 기업가로서 제품 디자인의 원리에 대한 감각만은 탄탄하다며 자신감을 보였다.

황태일은 벤처사업가로 진로를 정한 뒤 아버지로부터는 직접적인 도움을 많이 받았다. 아버지 황지성씨는 생물 물리학을 전공했는데 컴퓨터 공학과 알고리즘의 영향력이 커지게 되면서 황태일은 아버지와 많은 대화를 나누며 도움을 얻고는 했다. 황태일은 1992년 미시건에서 태어났다. 아버지 황지성씨가 미시건 대학교에서 박사과정을 끝내고 존스 홉킨스대학에서 포스닥(post-doc)Post doctor 박사학위를 취득한 후 교수가 되기 전 연수 과정을 하고 있을 때였다.

4년 만에 태어난 아이였기에 황태일은 존재 자체로도 감사한 아이였다.

이미영씨는 황태일을 낳기 전에 기도를 아주 많이 했다고 한다. 튼튼하고 지혜로운 아이를 갖고 싶다는 기도였다. 그 기도처럼 황태일은 병원 한 번 가지 않고 건강하게 자라났다. 황태일의 탄생이 이 가족들에게 얼마나 큰 기쁨과 기대를 주었는지는 탄생 축하

선물로 받은 항 아리에서도 알 수 있다. 이 항 아리는 황태일이 출생했을 당시 할아버지가 이름 을 지어주며 직

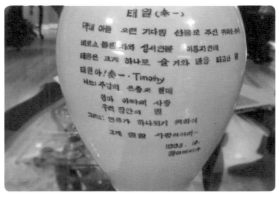

출생 축하 선물로 받은 항아리

접 글을 써서 보낸 항아리다.

"태일 막내아들 오랜 기다림 선물로 주신 귀여운 손자 비로소 돌림 자 성서인물 이름 자인데, 태일은 크게 하나로 슬기와 믿음 타고난 별 태일아! 태일 티모시 너는 주님의 은총의 열매 엄마 아빠의 사랑 우리 집안의 별 그리고 인류가 하나 되기 위하여 크게 일할 사람이어라.

1993년 10월 할아버지가"

가족들은 황태일의 끈기나 집중력은 할아버지를 닮았다고 한 다. 돌잡이 때 황태일은 연필을 잡았다. 그래서 아버지는 공부를 열심히 하려나 보다고 생각을 했었다고 한다. 그 예상은 그대로 맞아떨어졌다. 부모의 기억 속에 어린 황태일은 그다지 특별할 것

황태일 돌 사진

이 없는 평범한 아이였다. 남에게 절대 피해를 주지 않았고, 온순하고 조용한 성격. 자기주장도 그리 강하지 않은 아이였다. 그래서 부모는 아마도 이 아이는 학자가 될 것이라고 예상했다.

새로운 아이템을 개발하고, 펀딩을 위해 주장과 연설을 하고, 직원들을 뽑고, 협력하며 앞서 나가는 강력한 리더십이 필요한 사업가가 될 거라고는 전혀 생각지 못했다. 그렇게 평범한 아이 황태일은 10대 시절 성격과 태도, 인생을 바라보는 관점 모두를 바꿔내는 엄청난 경험들을 하며 변화하게 된다.

이민자로서의 헤리티지

미국 사회에서 이민자로 살아간다는 것은 쉬운 일이 아니다. 겉으로 드러나지는 않지만 보이지 않는 편견은 아직도 미국 사회 깊숙이 자리하고 있다. 그곳에서 소수민족으로 살아간다는 것은 말처럼 쉬운 일은 아니다. 황태일은 어땠을까. 이민 2세대인 황태일도 차별과 부당함에 대한 기억이 있을까? 대답은 "NO!". 황태일은 지금껏 살아오는 동안 이민자로 어떤 차별이나 부당함을 받은 기억이 없다고 말한다.

사실 미국에서 태어나 미국 국적을 가진 황태일은 비록 동양인이라는 한계는 가졌지만 아버지 세대와는 다른 방식으로 미국사회와 대면할 수 있었다. 기회는 평등하게 주어져 있었다는 뜻이다. 놀라운 것

황태일 돌 사진

은 황태일이 그가 사업을 시작할 때 이민자의 관점으로 시장을 바라봤다는 점이다. 황태일의 외면은 분명 미국인이지만, 그의 생각과 느낌과 행동은 한국인이었다. 따라서 미국사회 내에서 그는 도리어 한국인의 자세로 접근했다.

한국인으로서의 정체성과 미국의 문화를 조화롭게 연결시킨다면 효율과 성과를 올리면서도 편안하고 의미 있는 기업문화를 만들 수 있을 것이라고 생각한 것이다.

도대체 이건 어떻게 된 일일까.

나는 그 해답을 황태일의 아버지 황지성씨의 대화에서 찾아낼 수 있었다. 황태일의 부모는 늘 한국인임을 자랑스럽게, 당당하게 말했다고 한다. 미국에서 살고 있지만 한국인의 뿌리를 잃지 않아야 하고, 한국인의 삶속에 배어있는 역사성, 문화적인 것들과 정신적인 유산들 이런 것들을 소중히 여겨야 한다고 가르쳤다. 어렸을 때부터 기독교 역사와, 한국의 위인전, 그리고 한국의 아이들이 읽는 동화책을 열심히 읽어주고, 또 스스로 읽게 하는 과정에서 황태일은 자연스럽게 한국식 사고체계를 가지게 되었다.

그렇다면 이런 교육방식은 황태일에게 어떤 영향을 미쳤을까.

그건 황태일의 친구들, 그가 세운 회사 직원들, 그리고 그가 사업 파트너로 만나는 사람들을 보면 알 수 있다. 그는 인종과 국적을 따지지 않는다. 미국사회 내에서 벌어지는 숱한 갈등과 대립이 인종과 문화에 대한 차별에서 기인한다고 봤을 때 황태일의 이러한 자세는 주목 받을만하다.

그는 미움과 두려움에 가득 차 서로 경쟁하기보다는 때로는 자신을 희생하더라도 조화롭게 살아가는 것을 택해야 한다고 말한다.

또한 모든 시민은 그가 속한 사회에 공헌해야할 책무가 있다고 생각한다. 미국의 다양한 문화 속에서 차이를 존중하며 서로 맞춰가고, 존경해가는 것. 그것이 시민의 도리이자 인간의 예의라는 것을 황태일은 일찍이 알고 있었다.

아버지 황지성씨가 아들에게 늘 강조했던 것은 어떤 환경 속에서 어려움을 당하거나 설사 실패를 거듭하더라도 결코 자신의 삶에 대하여 남을 원망하며 좌절하거나 포기하지 말라는 것이었다. 이런 삶은 크리스천으로서 바르지 못한 삶이기 때문이라는 것이다. 즉, 황지성씨는 크리스천으로서 올바른 삶을 살아가는 것이 세상의 그 어떤 성공보다 더 중요하다는 것을 아들에게 강조했다. 99%의 스타트업 회사들이 실패하는 창업 시장에 도전하면서 이런 아버지의 신앙적인 가르침은 황태일에게 큰 힘이 되었다.

그래서 그는 항상 성공이냐 실패냐 기로에 섰을 때도 어떤 선택이 이기고 지는 것이냐를 따지지 않고, 어떤 선택이 최선이냐를 고민했다. 다시 말하자면 그는 늘 성공한 사람보다 더 좋은 사람이 되어야 한다고 생각하고 있었다.

세상의 많은 부모가 아이들에게 이런 이야기를 해줄 것이다. 그럼에도 그걸 오래 기억하고 유용한 도구로 활용하는 아이들이 있

부모님과 함께

고, 까맣게 잊어버리는 아이들이 있다. 그건 어디서 오는 차이일까. 내가 황지성 씨와 그의 아들 황태일을 가까이에서 살펴보면서 얻은 결론이 있다. 바로 아버지의 철학이 스스로 모범을 보이는 철학이었다는 점이다.

기독교인으로서 생활, 직업으로서의 프로정신, 가족에 대한 사랑과 책임을 황지성씨는 지난 20년 동안 아들에게 행동으로 직접 보여주었다. 그래서 아버지의 말, 아버지의 가르침에 대한 전폭적인 신뢰와 지지는 황태일 인격과 삶속에 그렇게 깊이 새겨지고 만들어졌다.

가족의 문화

황태일의 가족은 미국으로 이민 온 한국 가정이 가지는 아주 보편적인 문화를 가지고 있었다. 거기에 아주 독특한 관점이 더해져 있었다. 그중에서 가장 먼저 얘기하고 싶은 것은 종교적인 배경이다. 이미 한국에서부터 독실한 기독교 집안이었던 탓에 황태일은 태어나면서부터 자연스럽게 기독교인이 되었고, 그 문화적 바탕 속에서 자라났다. 황태일은 어린 시절 일주일에 서너 번씩 교회에 갔었다. 그는 청년 프로그램과 셀 그룹 자원봉사활동 등 교회를 통해 다양한 활동을 해왔다. 황태일의 삶에서 종교란 변함없는 요소 중에 하나였다. 종교로 인해 변한 것이 있냐는 물음에 그는 고개를 저었다. 교회와 함께 성장해왔기에 자신의 생활방식이나 믿음은 처음부터 한 가지, 늘 존재하는 일상이자 신념이라는 것이다.

KACHI (Korean American Christian Heritage In city) 라는 모임이 있다. 한국 사람들이 미국에서 이민자로 살면서 자신들이 갖고 있는 크리스천 헤리티지를 항상 갖고 살아가자는 뜻이다. 여기서 황태일은 한국의 선교 역사를 많이 배웠다고 한다. 이곳에서 그는 한국계 미국인으로 사는 법을 알아갔으며 실천하게 되었다.

황태일 가족의 문화를 이해하는 또 하나의 키워드는 '자립'이다.

"어린 시절을 부모님과 함께 보내면서 점차 스스로 자립하기 위한 노력을 하는 것이 중요한 것 같습니다. 또한 같이 살면서 작은 일이라도 부모님을 도울 수 있는 일을 찾아서 하는 것이 매우 중요하다고 생각합니다." 황태일은 어린 시절부터 부모님을 도와서 할 수 있는 일을 찾아가며 자립하려는 노력을 하는 것이 매우 중요하다고 말한다. 그가 중 고등학교 때부터 자원봉사 단체, 학생 단체 등을 설립하고 교육위원으로 선출되는 등 다양한 학생 활동을 누구보다 뛰어나게 할 수 있었던 것은 바로 이렇게 스스로 길을 찾아 나선 자립심에서 비롯된 것이었다.

자립은 부모나 가족과의 결별이 아니다. 헤어짐이 아니라는 얘기다. 한국의 많은 부모들이 자식의 자립을 두려워하는 것은 이런 오해 때문이 아닌가 싶다.

그런데 황태일의 부모는 일찍부터 '자립'을 이야기했다. 10대 시절의 자립이라면, 스스로 공부하기, 스스로 학교생활의 고비를 넘어가기, 스스로 친구관계를 개척하기, 스스로 자신의 미래를 설계하기 등을 손꼽을 수 있다. 때로는 엄격

부모님과 함께

하게 때로는 따뜻하게, 혼자 선택하고 결정하고, 그 결정에 책임을 지는 방법을 가르친 덕분에 황태일은 불과 24살에 미국과 세계가 주목하는 청년사업가가 될 수 있었다.

부모님의 도움

황태일의 아버지인 황지성씨는 아들에게 해 준 것이 없다며 미안 해 했다. 하지만 황태일의 삶에 가장 큰 영향력을 미치고 멘토가 되어준 사람은 그의 부모님이었다. 황태일이 다양한 활동으로 경험을 쌓아갈 때 그 뒤엔 항상 부모님이 계셨다. 사실 황지성씨는 자신의 일로도 바쁜 시기에 아들에게 시간을 내는 것이 마냥 좋은 것만은 아니었다고 말했다. 싫을 때도 있었다. '바쁜 이민생활 속에서 내가 아들을 위해서 그런 걸 꼭 해야만 하나' 하는 생각이 아주 간혹 들 때도 있었다. 하지만 아버지로서 아들의 꿈을 외면할 수는 없었다.

그런 황지성씨의 갈등이 완전히 바뀌게 된 계기가 하나 있었다. 황태일이 몽고메리 카운티 법정에 가서 배심원으로 봉사활동을 할 때였다. 같은 나이 또래 아이들이 경범죄를 저질렀을 때 아이들의 배심원으로 봉사하는 프로그램이었다. 황지성씨가 그곳에 들어가서 직접 재판현장을 본 것은 아니었지만 아들을 데려다 주기 위해 운전을 하며 차안에서 아들에게 들은 배심원의 역할과 봉사 프로그램 이야기들은 아들을 다시 한 번 보게 되고, 신뢰하게 되는 결정적인 계기가 되었다고 한다.

다시 말해 어린 아들 황태일이 법정에서 봉사하는 그 배심원 역할은 단순히 봉사가 아닌 자기 또래 학생들에게 큰 영향과 변화를 줄 수 있는 의미 있는 시간들이라는 것을 깊이 느끼게 되었고 그 후부터는 적극적으로 아들의 모든 학생 활동을 적극적으로 밀어주는 계기가 되었다는 것이다. 황태일도 아버지가 자신이 활동하는데 많은 정신적 도움을 주었다고 회상한다. 자신이 13~16세, 운전면허증도 딸 수 없을 때 황지성씨는 황태일의 운전기사를 자처하며 그를 적극 후원했다. 사무적인 일들은 황태일이 스스로 해냈지만 그 외의 것들은 부모님의 적극적인 도움이 컸다.

그러나 어머니 이미영씨는 아들에 대한 걱정이 많았다. 그가 또래의 나이에 주로 하지 않는 일들만 골라서 많이 했기 때문이었다. 아무리 봉사를 하고 남을 돕는 좋은 일이라 할지라도 학생으로서 자신의 학업에 방해를 받아가며 많은 시간을 학생활동에 빼앗긴다는 것은 부모로서 걱정하지 않을 수 없었던 것이다. 더욱이 부부는 전통적인 한국인 부모였다. 그래서 아들이 누구보다도 정상적인 학업 생활을 열심히 하고 다른 이들 보다 우수한 성적으로 학교를 졸업하여 기왕이면 안정된 직장에 취직, 누구보다도 순탄하고 평범하게 살아가길 바랐다. 그러나 황태일은 어릴 때부터 부모가 기대하지 않았던 정반대의 일들을 벌이며 부모로서 생각조차도 할 수 없었던 충격적인 다양한 활동으로 부부를 놀라게 했다.

가족은 이런 황태일의 학생회 활동을 보면서 밤샘을 해가며 많은 이야기를 나누었다. 하지만 결국 부부는 아들의 선택을 존중하기로 했다. 자신들의 바람보다도 아들의 바람과 아

황태일의 어머니 이미영씨

들이 원하는 것들을 더 믿어 주었다. 이러한 부모님의 전폭적인 응원과 반응이 없었다면 지금의 황태일은 결코 존재하지 않았을지도 모른다.

자식에 대한 자신들의 욕심보다 자식의 행복을 위해 양보하고 끝까지 참고 기다리며 희생했던 부부의 모습에서 진한 감동이 느껴졌다.

도 전 을 가 능 케 하 는 도 구

공부

토마스 우튼 하이스쿨

학업이 중요하다고 느꼈던 이유?

황태일은 어릴 적부터 항상 학교생활과 공부가 중요하다고 느꼈다.

부모님이 그렇게 말씀하셨기 때문에, 명문대학에 진학하기 위해 혹은 좋은 성적을 받아야 할 필요가 있기 때문만은 아니었다.

학교에서 진행되는 여러 프로그램들, 공부와 시험의 과정을 자신이 도전해서 뚫고 나가야 할 과제로 바라봤기 때문이었다.

이 프로세스를 만족스럽게 진행시키지 못한다면, 그 다음 또 그 다음으로 이어지는 수많은 단계들을 어떻게 넘을 수 있을까를 항상 생각했다. 황태일에게 공부는 평생 자신에게 다가올 도전과제

중 하나였던 것이다.

사실 황태일은 학교생활 자체를 즐긴 것 같지 않다. 그는 메릴랜드 주에서 초, 중, 고등학교를 졸업했는데, 물론 성적이나 교사들의 평가는 최고점이었다. 하지만 그는 학교가 좋았다거나, 학교생활이 재미있었다고 말하지는 않는다. 공부를 잘했지만 공부가 재밌었던 것은 아니었다고 분명하게 말한다.

그렇다면 왜 그렇게 열심히 공부를 했을까. 자신에게 계속되는 '도전'이었기에 그 도전에서 승자가 되고 싶었을 뿐이다.

황태일은 주변에 학업 자체를 목표로 여기는 사람들이 많았다고 지적한다. 공부해야하기 때문에 공부하는 것. 그것은 인생에 별 도움이 되지 않는다고 말한다.

공부가 목표이고, 최고의 성적이 인생의 가치라고 본다면 그 얼마나 허무한 일일까. 그 얘기는 아무런 목표도 없고 자신이 무엇을 해야 할지 계획도 준비도 없다는 말과 같다는 것이다. 열심히 공부하지 못하는 10대 아이들, 학교에 다니지만 왜 공부를 해야 하는지 몰라 방황하는 아이들을 보면 목표가 없다. 인생의 구체적인 목표가 생긴다면 결코 공부나 시험을 외면할 수 없게 된다.

즉 공부, 시험, 성적은 자신이 원하는 것을 가장 쉽고 가장 간단하게 얻을 수 있는 하나의 도구에 불과하다는 것이다.

하지만 대부분의 학생들은 학업 자체를 그들의 목표로 여기는 사람들이 많다. 즉, 공부해야하기 때문에 무조건 공부하고 있다는 것이다. 사실 그건 크게 의미가 없는 일이다. 학생들이 무엇보다도 먼저 발견해야 할 것은 바로 최종 목표를 깨닫고 그 목표를 자신의 삶 속에서 찾아내는 것이다. 이런 목표를 가진 학생들은 자신의 목표를 달성하기 위해서 공부를 하나의 도구로 삼기 때문에 열심히 노력하지 않을 수가 없다는 것이다.

황태일은 중, 고등학교 시절의 공부와 대학에서의 학문을 분명하게 구분한다.

10대 시절의 공부는 20대 이후, 자신이 선택하게 될 인생행로를 좌지우지할 도구지만 20대 이후 학문을 선택했다면 그것은 학업을 통해 인류에 봉사하겠다는 중요한 책임이 동반된 문제라는 것이다. 다시 말해 황태일은 인생의 목표는 학문이 아니었다. 학문은 지적으로 더 나아지도록 분투하는 과정이었다.

학생들이 학업에 있어 성공하려면 제일 먼저 더 배우고 싶다는 내적 동기가 대단히 중요하다. 이런 자세는 비단 학교 내에서 뿐만이 아니라, 학교를 나와서도 역시 마찬가지이다. 학교를 나왔다고 해서 배움을 그만둬야 한다는 의미를 가져서는 결코 안 된

황태일의 모교 교실에서

다. 우리는 항상 새로운 것들을 계속해서 배우고, 매일 자신을 더욱 열심히 몰아붙여 더 큰 삶의 의미를 창조하고 만들어가야만 성공적인 삶을 살아갈 수가 있다는 것이다. 그래서 그의 손에는 항상 책과 자료가 들려 있다.

공부는 이루고 싶은 것, 가지고 싶은 것, 정복하고 싶은 그 무엇에 한 발 다가설 수 있게 해주는 참으로 고마운 과정이었다.

교양 교육의 필요성 :
교육의 통합적인 학습을 구축

많은 학생들이 이런 불평을 한다. 철학은 왜 배우는지, 정말 오래된 역사들은 왜 배우는 건지, 괴상한 문학 같은 건 왜 배우냐는

것이다. 하지만 교육의 통합적인 학습을 구축하기 위해서 교양 교육은 중요하다. 한 예로, 아리스토텔레스를 읽으면, 아리스토텔레스는 수학에 관해 많은 이야기를 했다는 것을 알 수 있다. 과학의 기본적인 개념에 관한 이야기도 알게 된다. 그래서 물리학이나 수학을 배우면, 각각의 토대 위에 철학, 역사 등의 개념을 쌓을 수 있게 된다. 옛날의 아이작 뉴턴에 대한 역사라던가 그런 것들을 말이다.

교양교육의 중요함은 황태일의 사고 체계를 들여다보면 더욱 확실해진다.

황태일은 수학과 과학에 흥미를 느끼고, 집중 하던 전형적인 과학소년이었다. 하지만 황태일은 철학과 종교, 역사 과목을 결코 게을리 하지 않았다. 10대 시절의 대부분의 남학생이 그렇듯이 인문학 계열의 책을 읽는 게 어렵기도 했다. 하지만 한 번 두 번 반복해서 들여다보는 과정에서 그는 세상과 사회를 향한 눈이 떠지는 놀라운 경험을 하게 되었다. 과학의 세계와 인문학적 교양을 전체적으로 아우르는 교육. 그것은 물질과 인간의 상호관계를 이해하는 데 도움을 준다.

인문학적 교육은 기본적으로 다면적인 교육을 강조하는데, 주

제 하나 하나를 보는 것이 아닌 다양한 스펙트럼의 연결을 고민하게 해준다. 한 예로, 수학을 배울 때 단순히 방정식을 어떻게 푸는지를 배우는 것이 아닌 그 근원을 배우는 게 되는 것이다. 그 과정에서 수학이 어떻게 생겨났는지에 대한 역사나 철학, 내포된 이론과 그것을 적용하는 법 등을 알게 된다. 그래서 전체론적 교육은 과목 하나하나에 집중하기보다 여러 학문의 통합과 응용을 중시하고, 학생들이 그런 시각을 가질 수 있도록 이끌어준다. 응용을 기초로 하는 학문과는 다르다. 통합적인 사고와 통합적인 분석, 그것을 가능케 하는 교양 교육. 황태일이 수많은 미국 내 명문대학중에서 특히 프린스턴대학을 선택한 것도 아마 그런 교육의 중요성을 깨닫고 있었기 때문이리라.

"전체론적으로 생각하는 것은 세상을 이해하는 눈을 뜨게 해준다. 전체론적 학습은 공부를 위해서나 좋은 성적을 받기 위해서 공부하는 것이 아니라 내용을 이해하려고 하고 그 내용이 세상에 줄 수 있는 효과를 이해하는 것을 목적으로 한다. 이런 학습 방법으로 공부를 한다면 정

워싱턴 D.C.에서

보의 스펙트럼, 인간의 지식, 그러니까 수학, 철학, 과학, 미술의 모든 연관 관계를 이해하는 데 큰 도움이 될 것이다.”

황태일은 자신이 10대 청소년기에 했던 학습의 스펙트럼과 그 의미를 정확하게 알고 있었다.

공부, 하고 싶을 때 열심히

'당신은 얼마나 공부를 잘했는가' 라고 물었을 때 황태일은 동의하지 않았다. 그는 자신은 그다지 공부를 잘한 아이가 아니었다고 말했다. 매일매일 예습 복습을 철저하게 하는 스타일도 아니었고, 수업을 꼬박꼬박 들으며 과제를 성실하게 해내는 모범생도 아니었다는 것이다. 실제 그는 고등학교 최고학년에서는 다른 활동을 하느라 거의 학교를 가지 않았다. 그는 학교생활보다 외부 활동을 더 열심히 했던 '이상한'(?) 학생이었던 것이다. 그렇지만 황태일 스스로도 자랑스럽게 여기는 것이 있다. 고등학교 때 23개의 AP 시험에서 대부분 A를 받았다는 사실이다.

AP시험이란, 미국의 고등학생들이 대학교 수준의 수업을 미리 듣고 전 세계적으로 매년 5월 실시하는 AP시험을 통해 대학 입학

후의 학점을 미리 인정받을 수 있는 특별한 제도다. 그러니까 고등학생이면서 대학 공부를 미리 해서, 대학생들과 실력을 겨뤄 학점을 미리 받아내는 시험이라는 것이다. 대부분의 미국 고등학생들이 한 학기에 한 과목도 벅차하는 것을 황태일은 무려 23개 과목에서 학점을 따냈다. 고등학교 1학년 때 두 과목의 AP시험을 보고 2학년 때는 일곱 과목, 3학년 때는 열 세 개의 과목을 봤다. 대학공부를 고등학교 1학년 때부터 미리 시작한 것이다.

이것이 어떻게 가능했을까.

그가 왜 이렇게까지 공부를 했는지 궁금했다. 황태일은 '머리가 좋아서' 라거나, '밤을 새서 죽도록 공부해서' 라고 대답하지 않았다. 그는 그냥 공부가 하고 싶었다고 말했다. 자신의 삶에 있어서 소위 '성공'의 흔적을 내놓는 사람들에겐 이처럼 강한 지적호기심과 학습에 대한 자발적 집중의 시기가 있음을 발견할 수 있다. 황태일은 부모가 공부하라고 해서 하는 공부는 결국 '내 공부'가 아니라는 점을 강조한다. '내 공부'가 아닌 '타인의 공부'를 해서는 남는 것이 없기에 그런 쓸데없는 짓은 안하는 게 더 낫다는 얘기다.

그렇다면 자발적 동기를 얻어야 하는데, 그것 또한 외부에서 주어지기 보다는 내부에서 생겨나야 진짜가 된다. 처음에는 학생이니까, 공부는 당연히 해야 하는 것이니까 시작했다.

그런데 교과서를 보고, 선생님의 얘기를 들으며, 모르는 것이 있다는 사실에 은근히 화가 났다. 그리고 궁금해지기 시작했다.

이것이 지적 호기심이다. 그래서 공부를 좀 해봤다. 그랬더니 이전과는 전혀 다른 세상, 전혀 다른 이야기가 전개되었다. 그렇구나, 내가 모르는 어디에선가 사람들은 이런 놀라운 사실들을 찾아내고 밝혀내고 분석해냈구나. 한편 감사하고 또 한편으로는 도전의 마음이 생겨났다.

황태일은 그때 공부에 집중했다. 시간과 장소, 규칙에 매이지 않고 공부할 마음이 들 때면 완전히 집중했다. 그러니 그에게 공부는 늘 흥미진진하고 사랑스러운 존재일 수밖에 없었다. 중, 고등학생 자녀를 두고, 대학입시를 걱정하는 한국의 많은 부모들은 황태일과 같은 젊은이를 만나면 대부분 이렇게 묻고 싶을 것이다. "어떻게 하면 스스로 공부할 수 있나요?"

그 질문에 대한 대답은 바로 이것이다. 자발적 학습, 스스로 공부하

고 싶어 하는 마음을 가져야 한다
는 것.

학생위원으로 활동 중인 황태일

이것이 황태일의 대답이다.
그리고 더 나아가 황태일은 여
기서 두 개의 방법론을 지적했
다. 공부에 빠져들어 생활할 때는 몰랐지만 한참의 시간이 흐른
뒤에 문득 되돌아보니, 알게 된 것. 그것은 '자신과의 경쟁' 과 '규
칙의 예외'라는 키워드였다.

자신과의 경쟁

황태일이 최근에 깨달은 것 중 하나는 자신이 경쟁에서 굉장히
큰 의욕을 느낀다는 것이다. 그 경쟁이 꼭 다른 사람들과의 경쟁
일 필요는 없다. 먼저 자기 자신과의 경쟁이면 충분하다. 그가 고
등학교 6, 7, 8학년 때 학교에서는 대수학 1에서부터 기하학, 기
하학 2에서부터 예비 미적분학까지 공부할 내용과 진도를 정해주
었다. 그런데 그는 '왜 내가 그 방법대로 따라가야 하지? 난 따라
갈 필요가 없어. 뭐든지 내가 하고 싶은 대로 하면 돼.'라고 생각

했다. 그래서 그는 여름방학을 이용해서 미리 수학공부를 다 해버렸다. 내년에 대수학 1 수업을 듣는 대신 금년 여름에 들어서 통과하는 식으로 말이다.

9학년 때는 10학년 영어 수업을 들었다. 이듬해에 듣는 건 너무 바보 같은 짓이라고 생각했기 때문이다. 항상 더 나아지려는 노력이 바탕이 되었다. 고등학교 때 공부하고 수업을 들어야 하는 7과목(통상 학교 일정의 시간을 뜻하는데 1년 내내 듣는 7개 교과목이라고 생각하면 됨)을 정해주었을 때 그는 그게 말이 안 된다고 생각했다. 7과목 이상 들을 수 있는데 왜 7개의 수업만 들어야 하는지 납득할 수 없었다.

그가 23개의 AP시험을 미리 볼 수 있었던 것도 자신의 틀을 깨고자 했던 노력이 있었기에 가능했던 일이었다. 황태일이 학교나 교사가 정한 일정표를 과감하게 뛰어넘을 수 있었던 것은 늘 자신을 시험대 위에 놓고 새로운 상상을 해왔기 때문이다. 이런 1년짜리 일정을 6개월로 단축시킨다면 어떤 일이 벌어질까? 과연 나는 그 일을 해낼 수 있을까? 그 일을 해내기 위해서는 뭐가 필요할까? 한번 해볼까? 과연 나는 이길까? 질까?

황태일은 스스로에게 끝없는 질문을 던지고, 그 질문이 호기심이 발동하면 즉시 행동에 옮겼다. 결과에 어찌됐든 한번 해보자는 식이었다.

이러한 황태일의 작은 도전과 실천은 청소년기의 10대 소년에게 자존감이란 중요한 선물을 안겨주었다. 소년들은 자신의 능력에 대해 잘 모른다. 잘 가늠이 되지도 않는다. 아직 그 어떤 것도 영글지 않은 미완의 상태가 10대 소년들이다. 바로 그 상태에서 소년은 끊임없이 스스로의 능력과 자세를 시험했다. 그리고 승리의 결과를 늘려나갔다. 사실 도전해보니 그리 어려운 것도 아니더라. 이것이 황태일이 자신이 도전하고 얻은 평가다. 어른들이 가장 좋은 방법이라고 제시하는 것들, 혹자는 그 방법을 따라가는 것만으로도 벅차하기도 한다.

하지만 누군가는 더 앞서 나가기도 한다.

황태일은 스스로를 시험하고, 두 개의 자아를 놓고 서로 경쟁시키며 지적 호기심과 자발적 공부의 동기를 만들어나갔다. 사실, 이 방법은 쉽지 않은 방법이고 선택이었다.

하지만 지금 현재 자신이 하고 있는 공부에 효과가 없고 절망적이라면 아니 지금의 상태가 지루하고 재미가 없다면, 더 이상 자신의 공부에 아무 것도 기대되는 것이 없다고 한다면, 스스로에게 황태일이 도전한 그런 싸움을 걸어보는 것도 신선한 자극의 방법이 될 수 있다.

그렇게 스스로와 싸우는 동안 황태일은 할 수 있는 공부와 일의 영역을 크게 넓혀갔다. 공부로 쏠린 집중력 덕분에 진도는 더욱 빨라졌고, 학생 신분으로 공부를 잘하게 되자, 다른 선택의 폭 또한 크게 넓어졌다. 가장 중요한 지름길 하나를 정복하자 연이어 새로운 길이 나타나는 식이었다.

황태일은 지금도 끊임없이 자신과 경쟁하고 있다.

그리고 스스로에게 싸움을 건다. '네가 정말 원하는 건 뭐니?' '넌 사업체를 얼마나 키우고 싶니?' '어떤 소프트웨어를 개발하면 세계가 주목할까?' 묻고 또 묻고 그 답을 찾기 위해 뛰어다닌다.

지역 활동에서 얻은 시간 증명서

세상에서 가장 믿을 수 없는 존재 혹은 가장 신뢰할 수 있는 존재. 그건 바로 자기 자신이었다. 10대 때부터 스스로와의 싸움에서 승리한 기억들은 황태일에게 그 어떤 난관도 극복할 수 있으리라는 막연하고도 이유 있는 자신감을 주었다.

삐딱한 마음을 바르게 풀어내기

학교 카운슬러가 1학년은 1년 동안에 1개 이상의 AP수업을 들을 수 없다고 했을 때 황태일은 문득 이상한 '반항심'같은 것이 들었다고 기억한다. '저 규칙은 반드시 깨고 싶다.' '나는 반드시 저런 선입견을 부숴버릴 거다.'

물론 당시 그는 그리 모범생은 아니었지만 그렇다고 문제아도 아니었는데, 학교나 교사가 당연히 그렇거니 여긴 것들에 대하여 강한 도전의식이 생긴 것이다. 황태일은 이런 '삐딱한' 생각들이 성적을 올리는데 결정적 역할을 했다고 진단한다. 평범한 학생이라면 보통 이런 생각은 하지 않는다. 학교가 정해놓은 규정이나 통상적인 관례를 무너뜨릴 생각은 결코 하지 않고 무조건 순종하며 따라간다. 그런데 황태일은 왜 이렇게 무모한 생각을 하게 됐을까. 나는 그와의 긴 대화 속에서 황태일을 이해하는 또 하나의 키워드를 발견했다. 그것은 부정을 긍정으로 바꿔내는 힘이자, 아시아계 한국인이 미국사회에서 살아남는 방법이었다.

그는 태어날 때부터 그 사회에서 오리지널이 아니었다. 법치국가에서 국적이 미국이면 분명 미국인이다. 하지만 사람들의 모든 생각이 법대로 규칙대로 흐르는 것은 아니다. 그는 영어가 서툴러 불편을 겪는 부모님을 지켜보며 자랐다. 자라면서 아시아계라는 이유로 온전히 공동체의 일원이 되지 못하는 소외를 경험했다. 피부색이 다르다는 것은 곧 능력도 다르고, 품위도 다르고, 그래서 가치도 다르다고 여기는 사람들이 여전히 그의 주위에 존재했다. 아프지만 그건 어쩔 수 없이 받아들여야만 하는 문제였다.

오리지널 미국인들이 만들어온 규칙, 크고 작은 전통들, 그들의 문화. 그들은 수십 년간 연구하고 현장에서 실험해본 결과 고등학교 1학년은 1년 동안 AP시험에 한 과목만 응시할 수 있다는 결론을 내렸을 것이다.

그래서 대부분의 아이들은 교사의 그 제안을 굳이 뛰어넘으려 하지 않고 무조건 순종하며 따라가고 있다. 하지만 황태일은 다르다는 것을 보여주고 싶었다. 학교규칙을 깨고 한 과목 이상 응시할 수 있다는 자신만의 결론을 내렸던 것이다.

피부색만 다른 게 아니라 실력도 다르고, 배짱도 다르고, 노력의 집중력도 다르다는 것을 보여주고 싶었던 것 같다.

그래서 그는 도전했다. 죽어라 공부하며, 열심히 선행학습을 해가며 최고의 자리를 향해 뛰었다.

가끔 우리는 정말 어려운 가정형편에서 열심히 공부해 놀라운 성과를 올린 아이들을 주위에서 간혹 만난다. 부모가 너무 가난해 제대로 돌봐주지 못하는 형편에서 어떤 아이는 뒷골목을 헤매는 건달이 되고, 어떤 아이는 명문대학에 진학해 멋진 꿈을 만들어간다. 많은 부모들이 도대체 그 차이는 무엇일까 고민한다. 비상하느냐, 추락하느냐를 결정짓는 그 무엇. 사실 황태일은 경제적으로 크게 어렵지 않았고, 부모가 만들어놓은 가정환경도 좋았다. 그렇지만 그 사회 속에서 알게 모르게 느껴지는 이방인의 소외는 부모도 어쩌지 못하는 한계였다.

황태일이 그 한계를 극복할 수 있었던 것은 삐딱하게 불끈거리는 마음들을 규칙적이고, 상식적인 방법으로 풀어냈다는 점이다. '하지 마라' '할 수 없다'고 한다면, 나는 '한다', '할 수 있다'로 바꿔낸 것이다. 사춘기 시절 마음을 흔드는 도전, 도발, 반항의 지점에 설 때마다 황태일은 공부로 그 어지러운 마음을 정리해 나갔다.

공부는 그 누구에게나 공평한 도구이기 때문이었다. 누구라도 최선을 다해 달려든다면 공부는 결코 배반하지 않는다.

중학교시절 그리고 고등학교에 입학해 공부에 매진한 결과, 황태일은 튼튼한 기초를 닦을 수 있었다. 거기에 자신감도 붙었다. 불과 3~4년밖에 걸리지 않았다.

나이 18세가 넘어서면서 황태일은 학생이지만 학생이 아닌 듯 엄청난 경험을 쌓아가기 시작했다. 심지어 학교 수업에도 들어가지 않는 날이 많았다. 그럼에도 그는 기대와 박수를 한 몸에 받는 멋진 학생이 되어있었다. 학교와 교사는 그가 공부에 쏟은 노력의 지점을 알고 있었기 때문이다.

부모님과 함께

황태일이 어렸을 적 배운 교훈은 세계는 놀라울 정도로 가치 있는 곳이라는 것이었다. 단지 누군가가 '너는 할 수 없어'

라고 말했다고 해서 할 수 없는 것은 아니다. 영원한 것은 없다. 변화를 일으킬 방법은 어디나 존재한다. 모든 과정, 시스템, 구조가 우리를 위해 만들어졌고, 인위적으로 만들어진 것일 뿐이라는 걸 깨닫는다면 누구나 이러한 규칙의 예외가 될 수 있다.

황태일의 학습법

황태일은 중, 고등학교 시절의 공부에 대해 한마디로 상당히 쉬웠다고 대답했다. 그는 고등학교 때 대학프로그램인 AP시험에 무려 23과목이나 이수했을 때도 그 공부들이 전혀 어렵지 않았었다고 한다. 도대체 어떻게 공부를 했던 것일까.

가장 먼저 손꼽는 첫 번째 방법은 '개념 연결'이다.

단어의 뜻을 알고, 단어와 단어를 연결하고, 그 문장이 제시하는 의미를 따져보는 것은 일반적인 방법이다. 황태일은 한발 더 나갔다. 속뜻을 생각하고, 그것을 개념화시키고, 다른 연결고리들을 상상해보고, 적용시켜보는 것이다.

역사는 과거의 옛 이야기가 아니다. 역사는 오늘도 진행 중이다. 따라서 역사와 사회는 깊은 연관성이 있다. 겉으로 드러난 사실과 이론들의 속뜻을 파악하기 위해서는 관련 역사를 알아야 한다. 그런데, 그 뜻을 파악하기 위해서는 책을 읽는 해석능력이 바탕이 되어야한다. 모든 공부에 있어서 문학 공부가 기본이 되는 것은 바로 이 때문이다.

황태일은 어린 시절부터 많은 책을 읽었다. 10살이 넘어서부터는 동네 도서관에서 한꺼번에 20권에서 30권씩 책을 빌려와 1주일에 후딱 읽어내곤 했다. 문학작품들도 있고, 역사 이야기도 있고, 논리적인 철학과 심리학, 경제, 경영책도 있었다. 또한 황태일은 수학과 과학 책도 손에서 놓지 않았다. 수학을 문제로 접근하는 것이 아니라 이야기로 접근해, 수학자들의 자서전에서부터 수학이론을 베이스로 구성한 이야기책까지 모두 좋아했다.

우리는 종종 똑같은 이야기를 같은 장소에서 들었어도 다르게 이해하는 이상한 경험을 할 때가 있다. 이런 현상들을 전문가들은 속뜻의 해석능력에 차이가 있기 때문이라고 지적한다. 즉 글의 해석능력은 어른이 되어 길러지는 것이 아니다. 물론 타고나는 것도 아니다. 어린 시절 바르게 독서하고 바르게 토론하고 바르게 이해하는 훈련을 통해서만이 길러진다는 것이다.

황태일은 바로 '글의 해석능력'이 탁월했다.

놀라운 것은 개념의 정리에서 그쳤던 것이 아니라 여러 개의 개념들을 서로 연결시켜 통합적인 결론에 이르는 공부까지 했다는 점이다. 이 과정에서 필요한 것은 독서가 아니었다. 사실 개별 독서를 아무리 많이 한다고 해도 통합적 사고를 갖추기란 쉽지 않았다.

황태일은 '대화'와 '토론'의 방법을 통해 공부의 폭을 넓혀나갔다. '노동'이란 단어는 언제 생겨났을까. '노동'이란 단어의 긍정적인 면은 무엇인가, 부정적인 측면은 무엇인가, 일반 노동자와 급여 노동자는 무엇이 어떻게 다른가. 노동시간과 노동 강도, 노동 환경의 문제는 국가 경제와 어떤 연관성이 있는가, 글로벌 경제 시스템 아래에서 한 국가의 노동의 질은 어떻게 계산되는가, 노동의 질이 결국 부의 축적을 가져오는가. 노동생산성이 높아지는 것은 노동자 개인에게는 득이 되는가, 실이 되는가?……

질문은 꼬리에 꼬리를 물고 이어졌다.

이런 질문에 대해 책을 읽고, 인터넷을 뒤져 답을 찾아간다면 얼마나 많은 시간과 노력이 필요할까. 관점과 가치관에 따라 달라지는 해답에 대해 어떻게 대처할까.

그래서 필요한 것이 '대화'와 '토론'이다.

황태일은 교사와 부모들과 공부한 내용을 가지고 대화하기 시작했다. 묻고, 질문에 대한 답을 들으면, 다음 질문을 찾아나갔다. 이 과정에서 잘 모르는 대목들이 나오면 당연히 '개념 공부'를 병행했다. 그런데 황태일은 교사나 부모를 통한 지식전달에 만족하지 않았다. 그는 항상 교실 안에서보다 밖에서 더 많은 것을 배웠다고 말하는데, 그것은 질문의 한 가운데 있는 체험자와의 대화로부터 도움을 받았다는 얘기였다.

이스라엘─팔레스타인 간의 무력충돌 문제가 제시되면, 실제 이 문제의 체험자, 관련 단체의 담당자들과의 대화를 시도했다. 최저임금 논쟁이 일면, 관련 단체를 찾아가 그 입장을 직접 들었다. 책에서 읽는 것보다 더 많은 이야기를 전해주었다.

지식이 아닌 살아있는 정보가 있고, 그 지식과 정보 속에 감정이 있고, 사람이 있었다.

그 대화의 과정에서 개념들은 서로 상호 연결되었고, 추상적인 개념들은 오늘의 사람들 삶에 어떻게 적용되는지 생생하게 보여주었다. 이로써 황태일은 교과서에 갇히지 않고, 세상으로 한발 한발 걸어 나왔다. 다음 단계는 크고 작은 스터디 클럽을 만들어 토론을 벌이는 일이었다. 친구들의 고민과 친구들이 찾아낸 해답들은 황태일에게 신선한 자극을 주었고, 교과서에 나와 있는 해답이 아닌, 그만의 새롭고 신선한 답을 찾아가는데 큰 도움을 주었다. 엄청난 독서량과 크고 작은 모임들, 그리고 이제 다음 장에서 설명할 수많은 활동들, 정말 황태일의 청소년기는 엄청 바빴다.

그는 고등학교에 입학한 뒤에 하루 3시간이상 잠을 자본적이 없다고 한다. 그것이 건강을 해칠 것이라는 것도 알고 있었고, 좋은 습관이 아니라는 것도 알고 있었지만 그는 필요한 때에 자신의 모든 것을 걸고 승부하는 법을 알고 있었다. 시험이 다가오면 거의 잠을 자지 않은 적도 많았다. 자신이 원하는 것을 얻으려면 노력을 집중할 필요가 있었다. 대신 평소에는 철저하게 시간 관리를 했다.

그에게는 color-coded 달력여러 가지 색깔로 일정 등을 표시하는 달력 여러 가지 색깔로 일정 등을 표시하는 달력과 해야 할 일을 적은 목록이 있었고 매일같이 꼼꼼하게 그 일정대로 따라갔다. 숙제라든가 해야 할 일을 전부 잘 처리하기 위한 방법이었다. 그는 성공하는 사람들이 제일로 꼽는 계획과 메모의 습관을 고등학교 시절 이미 몸에 익히고 있었다.

그렇다면 실제 그의 성적은 어떠했을까. 거의 대부분의 과목에서 A를 기록했다. 그가 받은 성적 중에서 가장 낮은 점수는, 고등학교 때 받은 B였다. 황태일은 자신이 원하는 일은 최선을 다하곤 했다. 때로는 필요한 것 이상의 노력을 기울이곤 했다. 그렇기에 항상 최선의 결과를 얻어낼 수 있었다. 심지어 B를 받았던 것도 아주 드문 일이었다. 황태일은 최고의 성적을 받기 위해 노력한 것은 아니라고 말했다. 점수는 다만 결과일 뿐. 혹 그 결과가 예상 밖의 점수였다 해도 그는 별로 흔들리지 않았다는 것이다.

그럼 황태일에게도 힘든 과목이 있었을까? 그렇다, 황태일에게도 어려운 과목은 있었다. 그것은 바로 음악 이론이었다. 음악 이론은 자신에게 너무 힘들고 어려웠다고 고백한다. 그 이유는 너무 추상적이기 때문이란다. 음악에는 낯선 개념들이 많았다. 시험과 관련된 우스운 일화가 그에게도 하나 있는데, 바로 노래 부르기였다고 한다. 노래를 별로 못하기 때문이었다고.

쑥스러운 듯 웃으며 말하는 황태일의 모습에서 인간미가 느껴졌다. 완벽해보이던 황태일에게서 의외의 면을 본 순간이었다.

부모, 교사가 아닌 매니저가 되다

황태일의 부모님은 아들에게 공부를 가르쳤던 기억은 거의 없다고 한다. 황지성씨는 한국에서 대학을 나왔기 때문에 가르쳐 주고 싶은 것이 많았다. 생물 물리학을 전공했기에 특히 수학이나 과학 쪽은 직접 가르치고 싶은 욕심이 있었다. 그래서 몇 번 가르쳐 주려고 시도를 해보기도 했다. 하지만 미국 교육은 한국에서 받았던 교육과 많이 달랐다.

수학을 예로 들면, 미국에서는 곱셈을 가르칠 때 그것이 더하기가 곱셈의 기본이라는 것을 얘기 해준다. 나눗셈은 뺄셈이 기본이 된다는 것과 같은 원리를 알려준다. 논리적으로 아이

황태일의 아버지 황지성 씨

들이 생각할 수 있도록 해주는 것이다. 하지만 황지성씨는 한국에서 학교에 다닐 때 그런 훈련을 전혀 못 받았기 때문에 아이가 문제를 가져오면 문제 푸는 방법은 잘 가르쳐주었지만 어떻게 그런 원리가 되는지 기초 원리를 설명해줄 수 없었다. 혹 그가 아는 만큼 나름 원리를 이해한대로 설명을 하면 황태일은 도리어 아버지에게 잘못됐다고 지적하곤 했다고 한다. 그래서 몇 번인가 공부를 가르치다가 포기했던 기억이 있다고 한다. 이런 과정을 거치면서 사실 부모는 황태일의 공부에는 개입해 들어갈 수가 없게 됐다. 하지만 황지성씨는 그것이 무관심이나 방치는 아니었다고 분명하게 말한다. 매일 저녁 학교 수업 상황에 대해 묻고, 어려워하는 과목의 진도에 관심을 갖고, 텔레비전 방송을 볼 때도 아이에게 도움이 될 만한 프로그램들이 보이면 메모해 두었다가 정보를 전해주기도 했다.

현재 아이가 계획하고 준비하는 공부 스케줄만큼은 정확하게 파악해서 아이가 언제든 부모에게 어려움을 털어놓기도 하고, 상의하기도 하고, 도움을 요청할 수 있게 한 것이다. 황태일의 부모는 비록 아이의 공부에 대해 잘 알지 못하고, 부모가 공부에 실제적인 도움을 주지 못한다고 해도, 공부의 전 과정을 아이에게 맡

겨두지 않았다. 도리어 적극적으로 매니저를 자처하고 나서서 아이가 더욱 공부 속으로 몰두할 수 있게 해주었다.

이러한 부모의 태도는 결국 아이들이 스스로 공부하게 만든다. 결국 공부는 혼자 치러내야 하는 전쟁이라는 것을 바르게 체득하게 되는 것이다. 뛰어난 아들을 둔 부모로서 걱정스

아버지와 함께

럽고, 불안했던 것도 사실이다. 그렇지만 황태일의 부모는 학교를 믿고, 교사들에게 온전히 아이를 맡기는 자세를 취했다. 그것이 황태일이 자신에게 닥친 문제를 스스로 해결할 수 있는 능력을 기르는데 큰 도움이 되었다. 단기적인 안목에서 보자면 문제 푸는 능력은 한국 아이들이 더 뛰어난 것 같지만 장기적으로 보면 논리적으로 생각하고 판단하고 스스로 창의적으로 해낼 수 있는 능력은 미국 교육이 잘 키워준다. 황지성씨는 그런 걸 많이 느꼈다고 고백한다.

황태일의 부모에게 "아들이 모범생이었냐고?" 묻자 의외의 대답이 나왔다.

황태일은 결코 모범생이 아니었다는 것. 사실 이민 1세대 한국 부모로서 떠올리는 모범생은 딱 정해진 스타일이 있다. 학교 교육에 충실하고, 미국인, 한국인 골고루 적당하게 친구를 사귀고, 성적이 좋으면 법조계나 금융계 관련 학과를 따라 대학에 진학해 정규직을 갖는 것. 그런데 황태일은 거기에 딱 들어맞는 아이는 아니었다는 것이다.

부모님의 생각과도 많이 부딪쳤다. 부모님은 학생이라면 일단 학교 공부에 충실하길 바랐지만 아들은 하고 싶은 것들이 너무 많았기 때문에 다양한 활동을 하길 원했다. 고등학교 마지막 해 같은 경우에는 거의 학교를 가지 않았을 정도였다. 사회봉사 활동이라든가 교육위원회 활동 등을 활발하게 하는 모습을 보면서 부모의 입장에서 걱정하기도 했다. 그런 것들은 자신들이 학교에 다닐 때에는 전혀 경험해보지 못했던 일들이었고 아들이 고등학생답지 않은 사회적인 활동을 너무나 많이, 많이 했기 때문이었다. 그런 면에서 황태일

프린스턴 대학 교회

은 전형적인 모범생 스타일은 아니었다는 것이다. 즉 그는 공부는 잘했지만 부모의 입장에서 볼 때 항상 어떤 생각을 하고, 무엇을 계획을 하는지 알 수 없는 신비롭고 특이한 아이였다.

진로 선택, 목적과 사명을 따지다

황태일은 중학교, 고등학교를 졸업해서 대학에 진학하고 대학을 졸업해서 현실세계로 나오거나 대학원에 진학하는 각각의 이정표에서 효용성을 많이 발견하지 못했다. 그런 식으로 여러 가지가 구성되어 있는 것 자체가 굉장히 인위적으로 느껴졌기 때문이다. 예를 들어 '왜 학생은 대학에 진학하기 전에 12년 동안 학교를 다녀야 하나?'와 같은 의문이 들었다. 그는 이러한 제도의 이면에 아무런 목적도 없다고 생각했다. 그저 1800년대에 학교가 만들어졌을 당시 많은 학교가 공장처럼 만들어졌기 때문에 학생들이 매 학년을 거쳐야 했던 것뿐이라고 생각하는 것이다. 그러한 이정표에서 그는 별 다른 효용성을 발견하지 못했다.

그는 13살, 14살의 어릴 때 삶의 핵심적인 현실 중 하나로 죽음을 생각했다. 당시 역사 속의 다양한 지도자들에 대한 전기를 많이 읽었는데 운이 좋으면 다들 70세, 75세, 80세까지 살지만 생각해 보면 그게 아주 긴 시간이 아니라는 걸 깨달았다. 70년을 사는데 이미 스무 살이 되었다고 생각해 볼 때 그건 해마다 자기 손으로 꼽을 수 있는 크리스마스, 새해, 생일이 50번 남아 있다는 것을 의미한다. 그런 책들을 읽으면서 그는 사람들이 인생을 어떻게 살았는지에 대해 많은 생각을 했다.

인생의 세 단계에 대해 이야기하는 사람들이 많이 있다.

인생의 첫 번째 단계는 자신에 대해 생각하는 것이다. 자신을 어떻게 발전시킬 수 있는지, 어떻게 최대한 많이 배울 수 있는지에 대해서 말이다. 두 번째 단계는 가족에 대해 생각하는 것이다. 어떻게 가족에게 되돌려줄 수 있는지, 어떻게 하면 그들을 일관되게 부양할 수 있는지에 대한 생각이다. 세 번째 단계는 국가나 세계에 환원하는 것과 관련된다.

대부분의 사람들은 자신의 인생에 대해 이런 세 가지 개념으로 생각하지 않는다. 하지만 평생 동안 자신이 그런 여러 가지 기반을 쌓아야 한다는 생각은 정말 중요하다. 보통 사람들은 시간이 지나면서 그런 것들을 잊어버리고 살아간다. 많은 사람들이 40대 중반에 중년의 위기를 겪는 이유가 바로 여기에 있다. 자신이 아무런 성과를 거두지 못했다거나 아무런 기여도 하지 못했거나 자신에게 아무런 목적이 없다고 느끼기 때문이다. 따라서 자신이 하는 일에서 목적과 사명을 갖는 게 아주 중요하다는 것을 빨리 깨닫는 것, 이것이 우리 인생에서 정말 중요하다는 것, 그리고 더 나아가 최대한 빨리 그것을 발전시키는 것 역시 중요한 일이다.

대학 선택의 기준

황태일은 프린스턴 대학을 나왔다. 소위 손꼽히는 미국 아이비리그 명문대학이다. 미국 밖에서 미국의 명문대학을 바라보는 시선은 대부분이 부러움과 경이로움이겠지만 황태일이 고등학

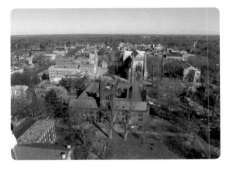

프린스톤 대학 전경

교를 졸업하고 대학을 선택할 때, 그에게는 그런 부러움과 경이로움은 없었다.

그는 현실적으로 생각했다. 그래서 자신의 인생에 있어 가장 도움을 줄 수 있는 대학이 무엇인지 고민하다가 프린스턴을 골랐다.

황태일이 프린스턴 대학을 선택한 첫 번째 이유는 다른 아이비리그 학교들과 달리 큰 규모의 대학원이 없기 때문이었다. 프린스턴에는 의과대학이나, 경영대학, 법학대학원이 없다. 이것은 무슨 의미일까. 바로 대학이 학부 학생들에게 제공 가능한 자원의 양이 충분하다는 뜻이다.

교육의 질, 즉 교수의 배치나 학생 활동지원, 장학금 등에서부터, 외국에 나가서 공부를 하고 싶을 때마다, 새로운 주제로 연구를 하고 싶을 때마다, 학비가 모자랄 때마다 학생들은 학교에 요청하고 학교의 지원을 기대할 수 있다. 거대한 유명 대학원을 가진 많은 아이비리그 학교들은 교육이 대학원에 초점이 맞추어져 있다. 그래서 학문적인 연구를 하고 싶다면 의과대학과 예산을 비교해 봐야 한다. 유학 프로그램을 하고 싶어도 박사과정 혹은 기타 유학 프로그램만큼 중요하지는 않게 여겨지곤 한다. 그런 면에서 프린스턴 대학은 학부생들에게 최대한의 지원을 아끼지 않는 학교라고 할 수 있다.

황태일에게 대학은 이름표가 아니었다. 명문대학을 졸업했다는 이름표는 필요 없었다. 그에게 대학에서의 공부는 원하는 미래로 진출하는 마지막 교두보, 꿈을 현실화시키는 마지막 코스였다. 따라서 원하는 모든 자료와 정보에 빠른 시일 내에 접근할 수 있는 전폭적인 시스템이 필요했다. 너무 많은 학비가 들어간다면 그것도 불편한 일이었다. 사회로 진출할 때 필요한 비용이 있는데, 대학시절 너무 돈을 많이 써버리면 돈이 발목을 잡을 수도 있다고 판단했다. 대학에 대해 이야기를 나누는 과정에서 황태일은 프린스턴 대학은 세계에서 장학금이 가장 많은 학교라고 웃으며 말했다.

프린스턴대학의 흥미로운 요소 중 하나는 한 학생에게 주는 기부금이 세계에서 가장 높다는 것이다. 황태일 역시 수혜자였다. 황태일이 학교를 고르고 있을 때 프린스턴은 거의 모든 비용을 지불해준다고 제안했다. 그래서 학자금대출에 대해 황태일의 부담은 믿기 힘들 정도로 없었다고 한다. 학생들은 언제든 교수를 만나고 싶을 때 만날 수 있고 교내에서 자료를 얻고 싶을 때 즉각적으로 구할 수 있었다.

황태일이 프린스턴을 선택한 두 번째 이유는 기독교적 정체성과 맞아떨어졌기 때문이다.

황태일은 중요한 결정과 선택의 순간마다 부모와 가족들이 만들어 온 기독교적 전통과 문화를 기준으로 삼았다. 우왕좌왕 하지 않고 일관된 삶을 살아가는데 이것만큼 중요한 것이 없다.

자신의 정체성이 무엇인지 정확하게 파악하고, 그것을 인생의 순간마다 적용시키는 노력. 이제 막 스무 살이 되던 그 때에도 황태일은 주저함이 없었다.

또 하나, 과연 어떤 대학이 나에게 도움이 될까를 고민하는 청소년들에게 황태일은 이야기한다. 대학의 수준이 곧 나의 수준이 되는 것이 아니다. 나의 수준을 높이는데 대학이 얼마나 기여해줄 수 있는지를 따져보라고 말이다. 대학에 진학하면서 황태일에게는 20대에 어떤 길을 걸어갈 것인지 큰 그림이 그려져 있었다. 그것은 정치도 아니었고, 학문을 탐구하는 길도 아니었고, 그렇다고 법조계나 금융권 진출도 아니었다.

그는 사업가가 되고 싶었다.

흔히 사업가가 꿈이라면 경제, 경영으로 유명한 대학을 선택해야 하는 게 아니냐고 할 것이다. 하지만 황태일은 당장 필요한 정보 몇 가지에 연연하지 않았다. 정보나 인맥은 살아가면서 노력여하에 따라 얼마든지 늘려나갈 수 있다. 대학은 정보를 얻어 분석하고 해석하는 능력, 정보를 종합할 수 있는 넓고 깊이 있는 안목, 인생을 살아가는 동안 잘 나갈 때보다는 좌절하고 주저앉을 때 희망과 용기를 주는 인맥을 꾸리는 데 도움을 줄 수 있어야 한다는 것이다. 결국 대학의 지향점, 대학의 정체성을 보고 선택하라는 것이다. 대학에 들어가는 순간, 그 선택의 결과는 오로지 그 자신의 몫이 되기 때문이다.

황태일의 공부는 대학에서도 진지하고 활발하게 진행됐다.

대부분의 학생들에게는 고등학교와 대학교의 차이가 상당히 현저하게 나타난다. 배우는 방식의 측면에서 보면 고등학교는 굉장히 조직적으로 짜여 있다. 매일 숙제가 있고 매주 퀴즈와 시험이 있고 매 학기가 끝난 후에는 기말 시험을 봐야 한다. 하지만 대학은 학생이 모든 걸 혼자서 해야 한다. 한 학기 내내 페이퍼 세 개를 내야 할 수도 있고, 읽어야 하는 게 있으면 매주 꾸준히 계속해야만 한다. 또한 학업에서 온갖 다양한 우선 사항들의 균형을 잡기 위해 노력해야 한다.

황태일의 학문적 이력에서 가장 인상 깊었던 점 중 하나는 AP 코스와 시험을 굉장히 많이 쳤기 때문에 대학생활이 훨씬 수월했다는 것이었다. 그는 프린스턴에서의 대학생활이 고등학교보다 훨씬 쉬웠다고 했다. 힘들었던 건 학문적 성과의 정도가 아니라 훨씬 더 독립적으로 시간 관리를 해야 한다는 사실이었다. 그는 필요한 부분을 매주 제대로 읽지 않으면 코스에서 아주 빨리 뒤쳐질 수 있고 학기말에 모든 걸 따라잡느라 정신없이 허둥댈 수 있다고 경고한다.

모든 게 훨씬 더 독립적이라는 사실은 외부 세계에 나아가기 위한 대비를 시켜줄 수 있지만 많은 학생들에게 아주 어려운 과도기이기도 하다.

황태일에게 물었다. 만약 중, 고등학교 시절로 돌아갈 수 있다면 어떤 공부를 하고 싶은가? 그는 컴퓨터 데이터 베이스 코딩과 중국어를 손꼽았다. 즉 코딩을 하는데 많은 시간을 보내면서 엔지니어링 기술을 발전시키고 싶다는 꿈, 그리고 전 세계 모든 분야를 장악해가고 있는 중국, 그 중국을 이해하고 중국과 협력하기 위해 중국어를 완벽하게 구사하고 싶다는 것이다. 그토록 열심히 많은 공부를 했지만 그에게도 후회가 남아 있다. 다만 그 후회가 언제든 빠르게 극복될 수 있다는 점이 황태일의 특별함이다.

미국 명문 토마스 스프링 고등학교, 황태일은 이 학교를 우수한 성적으로 졸업했다. 이 학교 졸업식에선 매년 세계 명사들을 초청해서 스페셜 연설 강사로 그들의 명연설을 듣는다. 전직 대통령을 비롯해서 노벨상 수상자들을 포함 일반인들이 함부로 만날 수 없는 명사들만 초청하는 졸업식 주 강사에 황태일은 졸업한지 5년 만에 초청을 받았다.

학교에서도 믿을 수 없는 23살짜리 불과 5년 선배의 연설을 듣고 싶어 우튼고등학교는 정중하게 황태일을 2015년 졸업식 메인 스페셜 연설자로 초청했다.

"2015년 졸업생여러분!"

여러분의 졸업을 축하하는 이렇게 귀한 자리에 참여하게 해주셔서 감사합니다. 여러분 앞에 서게 된 것을 영광스럽게 생각합니다. 그리고 학생 여러분들 드디어 해냈네요! 진심으로 축하드립니다. 정확히 5년 전에 저도 이 건물, 이 자리에 있었습니다. 2010년 졸업장을 받기 위해 바로 이 무대를 걸어 다녔죠. 많은 이들이 저를 24개의 AP수업을 들은 사람 혹은 카운티 교육위원 SMOB 으로 알고 있을 거예요.

제 카운슬러는 제가 1학년 때 1개의 AP수업을 1개 이상 들을 수 없다고 했습니다. 그런데 저는 그것을 뛰어넘어 제 스스로 공부했어요. 부모님으로부터 너는 아시아계 미국인으로 정치계에 들어가기 아주 힘드니 전형적인 길로 법, 금융, 의학을 선택하라고 했을 때 저는 오바마 캠페인에 들어갔습니다. 그리고 우든 고등학교 역사상 카운티 교육위원회에 뽑힌 적이 없다는 이야기를 들었을 때 저는 제가 자청해 교육위원회에 지원해, 운영하기로 결심했고 그 힘든 선거전에서 결국 이겼습니다.

제 마음 깊은 곳에서 저는 제가 학교제도의 또 다른 피해자가 아님을 증명했어야 했어요. 지시한 제도와 표준에 순응하는 것보다 그것에 도전하는 과정은 어쨌든 개인의 선택이고, 개인차가 크다고 생각 합니다. 제가 어렸을 적에 배운 교훈은 세계는 정말 놀라울 정도로 가치가 있는 곳이라는 겁니다. 단지 누군가가 너는 할 수 없어 라고 말했다고 해서 당신이 할 수 없는 게 아닙니다. 영원한 것은 없습니다. 변화를 일으킬 방법은 어디나 존재합니다.

모든 과정, 시스템, 구조가 당신을 위해 만들어졌고 인위적으로 만들어졌다는 것을 깨닫는다면 당신은 이러한 규칙의 예외가 될 수 있습니다. 여러분이 졸업한 후 대학교에 입학하면 놀라울 만큼 많은 사람들이 당신이 원하는 것을 갖고 있다는 것을 알게 될 것입니다. 이것은 회사 생활을 하게 되면 더 흔한 일임을 알게 될 것입니다. 사람들은 겉보기에는 매우 평범해 보이지만 그들이 만나는 사람들, 매일의 선택에 따라 삶의 색깔이 달라집니다.

여러분! 이제 원하는 것이 있다면 그것을 향해 나아가십시오.

제가 피스컬노트를 제럴드와 조나단, 두 명의 친구와 시작하기로 결정했을 때 모든 이들이 우리보고 미쳤다고 했습니다. 심지어 프린스턴과 하버드에 있는 많은 사람들도 졸업 후 금융, 컨설팅, 기술, 법 등에 종사합니다. 이렇게 모든 이들이 위험을 감수하기 두려워한다는 것은 사실 매우 불명예스러운 일입니다. 언제부턴가, 어딘 가에서부터 당신은 당신의 목표를 위해 나아가고 있습니다. 초등학교에서 20년 뒤 대기업에 들어가게 됩니다. 그러고 나면 사람들은 이미 정해진 경로를 바꿀 수 없고 쉽게 받아들이게 됩니다.

여러분! 당신은 학교에 갑니다. 왜냐하면 당신이 해야 할 일이니까요. 당신은 이 직업을 선택합니다. 왜냐하면 당신이 해야 할 일이니까요. 대출을 받아서 집과 자동차를 삽니다. 왜냐하면 당신이 해야 할 일이니까요. 자신이 진짜 하고 싶고 원하는 자신의 진정한 목표에 대해서는 포기하죠.

꿈은 없다고 스스로에게 말을 합니다. 스타트업 벤처기업 설립자로써 제가 가장 많이 받는 질문은 그렇게 어린 나이에 어떻게 해냈느냐하는 것입니다.

현실적으로 20대 초반인 제가 CEO로서 직면하는 과제는 결코 쉽지만은 않습니다. 초기에 우리는 계속 거절당해야만 했고 지원자, 투자자, 조언자, 은행 그리고 고객 때문에 정말 힘겹게, 힘겹게 헤치며 나아갔습니다. 과연 이렇게 힘든 난관을 뚫고 밑바닥에서부터 끝까지 회사를 만들 수 있을까? 하는 우리의 능력에 대한 저희 스스로의 의심까지도 이겨가야만 했습니다. 어떻게 3명의 대학생이 세계적인 기업 블룸버그, 톰슨 로이터, 렉서스 넥서스 같은 수십억 달러의 회사에서 일하던 수천 명의 사람들을 고용할 수 있었냐고요?

제 스스로를 강하게 밀어붙였던 때가 선명하게 기억납니다. 그것은 저희가 2차 투자금을 모을 때였습니다. 수십억의 투자금을 제안 받고 사인하기로 예정된 전날 투자자의 개인적인 사고로 계약이 하루아침에 취소가 되고 당시 우리 회사 은행 잔고엔 6주 정도의 돈밖에 없었습니다. 모든 직원들을 회사안의 작은 방으로 불러서 나쁜 소식을 전했습니다. 모두가 충격에 빠졌습니다. 이때 모든 직원들이 스스로 회사를 돕고자 2달동안의 월급을 자진 포기했습니다.

그리고 모두가 CEO인 나만을 바라보았습니다. 이제 나에겐 샌프란시스코 실리콘 밸리로 날아가 투자금을 마련해야하는 절대적인 운명과 그 마지막 기회만이 있었습니다.

아! 그때 샌프란시스코로 비행기를 타고 날아가던 때가 기억납니다.

무거운 마음을 가지고 샌프란시스코 공항에 도착하여 렌터카를 빌려 공항 주차장 안에서 차를 출발하려 할 때 그동안 누구에게도 감추어 왔던 제 마음이 한꺼번에 무너져 내렸습니다. 아무에게도 말할 수 없었던 나만의 고통과 아픔, 그리고 회사 CEO로서 막중한 책임이 무너져 내리며 소리 내어 엉엉 울었습니다. 저는 당시 21살이었습니다. 아! 정말 앞이 캄캄했습니다.

그동안 내가 쏟아 부은 모든 나의 명성과 시간, 돈과 노력이 이제 어떠한 죽음, 실패, 모욕의 형태로 내 자신과 직원들에게 나타날 수밖에 없겠구나하는 것을 생각하게 되었습니다. 그러나 그날 나는 넘어지지 않았습니다. 우리는 해냈습니다. 나는 새로운 투자자를 찾았고 우리는 지난번 보다 더 큰 투자금 받은 이후로 2번이나 더 많은 투자금을 받았습니다.

그리고 지난 2년간 억만장자인 마크 큐반과 제리양, 스티브 케이스 등의 세계에서 큰 벤처자금 회사와 파트너까지 되었습니다. 2천만 달러 이상의 투자를 받았고 수백 명의 세계 최고의 직원들을 고용했습니다. 그리고 우리가 개발한 세계 최고의 기술을 수많은 회사에 제공하고 있습니다. 올해엔 400% 성장할 것입니다. 제가 살면서 배운 한 가지는 이것입니다.

'만약 한쪽 문이 닫히면 다른 쪽 문을 열어라. 만약 모든 문이 닫히면 너만의 문을 만들어서 걸어 나가라. 무슨 일이 있어도!!.'

여러분의 부모님이나 선생님은 이런 말을 하지 않을 것입니다.

이곳에 앉아 계신 여러분은 세계에서 가장 힘이 있는 사람 중 한 사람이 될 수가 있습니다. 당신은 세계의 모든 정보에 접속할 수 있는, 주머니에 들어가는 스마트폰을 가지고 있습니다. 당신은 그 스마트폰으로 메시지를 0.5초 이내에 세계를 가로질러 보낼 수 있습니다. 지구 반대편에 있는 사람을 실시간으로 보고 대화할 수 있습니다. 알고리즘과 인공지능의 힘으로 이런 대화가 가능해졌고 미래를 예측할 수도 있게 되었습니다.

이러한 것들은 한 세대 전엔 불가능했던 일입니다. 그러나 이제 우리 세대는 이 세계에서 완벽히 살 수 있습니다. 우리 세대는 911사태, 또

갑작스러운 경제 대공황, 아픔과 침입도 겪었습니다. 이것이 우리가 아는 세계이고 편하게 느껴지는 세상입니다. 세상은 변한다는 것이 우리가 아는 일반적인 것입니다. 그리고 우리도 겪고 있습니다. 우리 세대에는 앞으로 대부분이 자가운전 자동차 안에서 일을 하게 될 것입니다. 게놈을 맞춤으로써 건강 위험성을 예측하는 비용이 저렴해질 것이며 기술과 건전지, 에너지가 우리가 이산화탄소를 제거하는데 도움을 줘서 지구를 살리게 해줄 것입니다.

이러한 모든 변화에도 불구하고 우리는 존재하는 모든 현상에 도전할 의무가 있습니다. 그리고 미국 역사상 어떤 세대보다도 지구는 우리 손과 아이디어로 인해 위대한 변화를 이뤄내는 곳이라는 것을 증

2015 토마스 스프링 우든 고등학교
졸업식에서 졸업 연설하는 황태일

명해야합니다. 이것은 여러분 모두에게 큰 발걸음입니다. 하지만 이것은 시작에 불과합니다. 자! 여러분! 이제 여러분도 끈질기게, 특별하게, 모든 것에 도전하길 격려합니다. 그리고 성취하시길 바랍니다.

2015년 졸업생 여러분! 다시 한 번 축하드립니다.

03

최 고 의 가 치 를 찾 다

경험과
체험

과테말라 선교지에서

소년 황태일을 뒤흔든 과테말라 봉사활동

열두 살의 소년 황태일은 여름방학을 맞이해 남미 과테말라로 봉사활동을 다녀왔다. 평소 신앙심이 깊었던 황태일의 부모님이 선교 특히 제3세계 선교에 남다른 관심을 갖고 있었기에 기독교 단체로 함께 떠난 과테말라 봉사활동은 이들 가족에겐 그리 특별한 일이 아니었다. 가까운 친척들이나 친구들이 모두 한 번씩은 다녀오는 통과의례 같은 행사였다. 황태일은 과테말라에서 한 달가량 머물렀다.

그런데 황태일의 부모는 그가 자라는 내내 이때의 봉사활동을 떠올렸다. 봉사활동을 다녀온 후 아들이 눈에 띄게 달라졌기 때문이다. 얌전하고 때로 소심해보이기까지 하던 아들이 그해 여름이 지난 뒤 상상도 하지 못한 일을 벌이고, 학교생활이나 공부 외에 학교 밖의 일들에 관심을 갖고 뛰어다니기 시작한 것이다. 도대체 과테말라에서 황태일은 무엇을 보고, 무엇을 경험했던 것일까.

황태일에게 물었다. 과테말라 봉사활동에서 가장 기억에 남는 것은 무엇이냐고. 그는 세상을 배웠다고 말했다. 과테말라에서 그는 한 곳에만 머물러 있지 않았다. 한 달가량 체류하는 동안 과테말라 시티에서 산악지대, 오지 마을에 이르기까지 선교팀과 함께 여러 곳을 돌아다녔다. 깨끗하고 잘 정돈된 미국의 도시에서 태어나서, 자란 소년 황태일의 눈에 그곳 사람들, 그곳 사람들이 살아가는 모습은 충격 그 자체였다. 그들은 가난했고, 병들었고, 필요한 생필품을 구하지 못했다. 그들은 원하는 것을 가질 수 없었다. 더욱이 그들은 원하는 것을 가지기 위해 노력할 여력도 없어 보였다.

그렇다면 어떻게 해야 하나.

마을이, 사회가, 국가가 도와주어야 한다. 황태일은 그렇게 생각했다. 그런데 또 하나. 만약 국가와 사회가 끝내 그들을 도와줄 수 없다면, 그때는 어떻게 해야 할까. 과테말라 시티의 한 고아원에 매트리스를 가져다주는 작업을 할 때였다. 진흙사태가 발생해

산이 무너져 내렸다. 산을 올라가야 고아원이 있으니 진흙사태가 났다고 해서 주저앉아 있을 수는 없었다. 매트리스를 이고, 지고 산을 오르는데, 그 각도가 거의 90도에 가까웠다.

외국에서 온 어린 학생들이 과테말라 사람들을 돕겠다고 낑낑대며, 다치면서, 진흙을 헤치고 올라가는데, 과테말라 사람들은 저마다 자신의 일상을 꾸려가기 위해 바쁘기만 했다. 그 경험은 황태일에게는 제3세계의 삶이 어떤 것인지, 그들의 생활수준이 어떤지에 대해 눈이 번쩍 뜨이는 경험이었다고 한다.

꼭대기에 교회와 고아원이 있었는데 올라가 보니 사람들이 바닥이 아닌 진흙탕위에서 자고 있었다. 벽도 없어서 종이로 만든 천을 덮어두고 천장도 철판으로 덮여있었다. 그곳의 생활수준은 믿을 수 없을 만큼 형편없었다. 그 때 그 광경은 엄청난 충격이었고, 오랫동안 떠나지 않는 숙제로 남아 황태일의 미래를 결정짓는 동기 중에 하나로 작용하게 된다.

불평등을 깨닫다

과테말라에 다녀온 후 무엇을 배웠냐는 아버지의 물음에 황태

일이 가장 먼저 한 말
은 아이들이 신발이
하나도 없다는 것이
었다. 신발도 없이 걸
어 다니고 놀다가 발
을 다치는 그런 모습

워싱턴 D.C. 노숙자들에게 음식을 나눠주는 단체 모습

이 어린 황태일의 마음을 아프게 했다. 당시 아이들은 나이키 운
동화를 한창 좋아할 시기였다. 하지만 그날 이후로 황태일은 한
번도 신발을 사달라고 한 적이 없다고 한다. 그 때 황태일은 미국
에서의 자신의 삶이 얼마나 부유한가에 대해 느끼게 되었다.

황태일이 충격을 받은 것은 그것만이 아니었다.

그가 과테말라에 다녀온 후 워싱턴 D.C.에서 마주한 현실은 그
를 더욱 놀라게 했다. 빈곤한 삶은 비단 과테말라에만 있는 것이
아니었다. 그가 자랑스럽게 여기던 미국에도 있었다. 더욱이 빈곤
층의 삶은 과테말라와 같은 제3세계나 미국이나 별반 다르지 않
았다. 그 놀라운 현실은 어린 소년을 통째로 뒤흔들었다. 평소 같
으면 그냥 지나쳤을 지도 모를 노숙자의 모습을 본 황태일은 어른
들에게 묻고, 자료를 뒤적여보았다.

그는 미국의 수도 워싱턴 D.C.가 미국에서 가장 부유한 대도시 지역이지만 인구의 상당수는 빈곤한 생활을 하고 있다는 것을 깨닫게 되었다. 워싱턴 D.C. 공립학교 학생들의 대다수가 무료 및 저가 급식을 하고 있었고 집 없이 노숙 생활을 하거나 빈곤한 생활을 하는 사람들 또한 엄청나게 많았다. 그것은 제3세계에서 돌아온 어린 황태일에게 굉장히 부조화적인 경험이었다.

미국에만큼은 그런 빈곤이 없다고 들었는데 막상 워싱턴으로 돌아온 그의 눈에는 그러한 빈곤이 코앞에 펼쳐져 있었던 것이다. 워싱턴 D.C. 같은 미국 수도를 걷다보면 계층의 차이가 관통하는 것을 직접 볼 수 있다. 최첨단 높은 빌딩과 부유한 사람들이 몰려 살고 있는 도시지만 한편으론 엄청난 수의 사람들이 거리에 나와 살고 있다는 것을 볼 수 있었던 것이다. 그들은 음식을 찾아 거리를 헤매고, 생계를 유지하기 위해 구걸도 한다.

이는 황태일에게는 너무도 당황스럽고 혼란스러운 일이었다.

지구상 가장 부유한 나라라고 자부하는 나라에 그러한 엄청난 경제 불평등이 있다는 사실이 그를 당혹스럽게 했다. 황태일은 그러한 불평등이 특별한 사태가 아니라 우리가 살아가는 이 지구상의 모든 국가, 모든 사회에 존재하는 아주 일반적인 현상이라는 것을 알게 되었고, 더 가진 자는 덜 가진 자를 위해, 불평등을 해소하기 위해 반드시 무언가 노력해야 한다는 사실을 마음 깊이 새기게 되었다. 그리고 그에게는 이 문제들을 해결하기 위해서 커뮤니티 안에 들어가 무언가 그들을 위해 일하고 싶고, 돕고 싶다는 열망이 강하게 생겨났다.

노숙자들에게 음식을 나눠주다

황태일은 친구들과 뭔가 해보기로 작정했다.

하지만 당시 황태일 나이 12살, 아이들이 할 수 있는 일은 많지 않았다. 자동차 운전을 할 수 없었던 어린나이의 그들은 한 번에 두세 명씩 음식을 가져 가 지하철을 타고 워싱턴 공원

워싱턴 안의 노숙자를 돕는 황태일

으로 찾아 갔다. 배고파 보이는 사람들이 보이면 음식을 전달해주는 방식으로 황태일은 노숙자들을 적극적으로 돕기 시작했다.

2005년 쯤, 그러니까 친구들끼리 시작한 작은 봉사활동이 2년

넘게 계속되자 점차 그 규모는 커져갔다. 황태일의 뜻에 따라 그와 함께 하는 학생들의 수가 점점 많아지기 시작한 것이다. 5명 정도였던 참여 학생이 10명, 20명으로 불어났다. 그러자 황태일은 이 모임을 좀 더 확대해서 봉사활동을 더 키워나갈 계획을 세우게 되었다.

봉사활동 단체가 생겨난 것은 그렇게 아주 자연스러운 일이었다. 만약 처음부터 조직구성 하는 것으로 시작하여 뭔가 대대적으로 일을 벌였다면 도리어 그 단체를 계속 지속하기 어려웠을 지도 모른다. 누구나 알고 있지만 봉사활동을 지속하는 것은 굉장히 힘들고 어려운 것이다. 그러나 친구, 학교 후배들은 황태일이 해가 바뀌는데도 지치지 않고 꾸준하게 봉사활동을 지속하는 것을 보고 큰 감동을 받았다. 가난한 거리의 사람들이 실질적으로 도움을 받았다는 생각이 확연히 들 정도로 뛰어보자 했던 황태일의 목표가 그들을 움직였던 것이다.

조직은 계속 커졌다. 참여 학생들은 조금씩, 조금씩 사회의 어떤 분야에 도움을 주고 싶다는 마음을 더 키워나갔다. 주변에서 음식을 모아 전달하는 것에서 한걸음 더 나아가 모금 운동까지 하게 됐다. 황태일과 친구들은 아이디어를 모아 프로그램을 짜고,

조직적으로 모금활동을 벌였다. 그 결과 일주일에 몇 번씩 공원으로 나가 노숙자들에게 음식뿐 아니라 담요와 생활필수품까지도 나눠줄 수 있게 되었다. 일주일에 한번 어린 학생들이 작은 가방에 음식을 담아오던 것에서 크게 발전한 것이다. 100여 명의 노숙자들이 그곳 공원에서 황태일과 친구들의 도움을 받았다.

처음에는 동네 작은 공원에서 시작했다. 그러나 모금액수가 늘어나고, 참여자가 늘어나면서 워싱턴 D.C. 뿐만 아니라 뉴욕, 시카고, 토론토에까지 그들이 모은 성금을 전달했다. 이것이 초등학생 황태일이 과테말라 선교를 다녀온 후 시작한 일이라는 것을 알게 된 미국 사회는 깊은 감동을 받게 된다.

사실 어른들도 하기 어려운 일을 어린 초등학생 아이가 해낸 셈이었다.

"회사를 만들겠어요"

황태일을 능력 있는 청년으로 키워낸 두 번째 의미 있는 경험은 바로 회사설립의 경험이다.

황태일의 부모는 어린아이가 회사를 차리겠다고 나섰을 때의

놀라움을 잊지 못하고 있다. 한국에서 나서 한국식 교육을 받은 부모는 도대체 이 아이가 지금 무슨 얘기를 하는지 처음엔 잘 이해가 되지 않았다. 학생이 어떻게 회사를 차릴 수 있으며, 이 어린 아이가 회사를 만들어 무슨 일을 하겠다는 것인지 기가 막힐 뿐이었다.

결국 부모는 아무런 도움을 줄 수 없었다. 황태일은 스스로의 힘으로 회사를 만들었다. 그것이 바로 지금도 미국 전국에서 실시되고 있는 오퍼레이션 플라이(Operation Fly Homeless)라는 자선단체 회사이다. 그는 회사를 등록하는 일에서부터 모든 절차를 믿을 수 없을 만큼 완벽하게 스스로 해냈다. 필요한 정보를 혼자다 찾아내고 사람들을 만나 부탁을 해가며 하나하나 절차를 밟아나갔다. 회사가 등록되는 과정에서 확인 메일이 오기 시작하자 부모는 깜짝 놀랄 수밖에 없었다. 황태일이 말한 그대로 모든 절차가 이뤄지고 있었던 것이다.

황태일의 부모는 그런 일은 시작에 불과했다고 회상한다.

어머니는 황태일 때문에 놀랐던 적이 한두 번이 아니라고 한다. 사실 황태일이 기업가로서 최초의 경험은 초등학교 1학년 때였다. 포켓몬스터라는 애니메이션 영화가 한창 유행을 할 때, 미국의 아이들도 포켓몬스터 카드를 구입해 서로 교환하는 것은 즐거운 놀이이자 가장 고민스럽고 중요한 일이었다. 이런 상황을 유심히 살피던 황태일은 희귀한 포켓몬스터 카드를 해외로부터 수입했다. 한 통의 팩을 10달러 정도에 수입해 카드 한 장을 50센트에 팔았다. 여기서 한통을 다 팔면 20달러의 수익이 났다.

한 팩을 구입해도 원하는 카드를 얻지 못하거나, 비슷한 카드를 여러 장 갖게 되는 상황을 감지하고 친구는 원하는 카드를 가질 수 있고 자신은 돈을 벌 수 있어 좋겠다는 생각을 한 것이다. 부모는 이런 생각이 초등학교 1학년 아들의 머릿속에서 나왔다는 사실이 그저 놀라울 따름이었다. 황태일은 그 때의 일에 대해 꽤 흥미로운 경험이었다고 말한다. 아마도 기업가로의 자질이 그때부터 발휘된 것이었는지 모를 일이다.

그렇게 황태일의 첫 번째 회사가 주정부의 승인을 받아 정식으로 세워졌다. 중학교 때부터 시작하여 고등학교 1학년 때까지의 그만의 공식적인 활동 결과였다.

오퍼레이션 플라이

　Operation Fly Homeless. 황태일이 시작한 첫 번째 회사로 사람들을 도와주는 Non-profit Organization 회사였다. 이 회사의 목적은 도시 내 노숙자들을 방지하기 위한 것이었다. 두 가지 주요 프로그램을 운영했다.

　첫 번째는 Street 프로그램으로 대량의 옷과 이불을 기부하는 것이었다. 노숙자들이 저체온증에 걸리지 않도록 옷과 이불을 모아 나눠주는 프로그램을 진행하였다.

　두 번째는 PACKS FOR BAGS으로 봄에 운영하는 프로그램이

었다. 책가방에 필기구, 각종 학용품을 넣은 후에 길거리의 노숙자와 노숙자의 아이들에게 나눠주는 방식이었다. 노숙자 구제 프로그램은 주로 노숙자 그 자체에만 초점을 맞추는 경우가 많다. 하지만 황태일은 어린 나이에도 노숙자의 아이들, 그들의 교육 문제까지 생각의

오퍼레이션 플라이 친구들과

범위를 넓혔던 것이다. 이러한 프로그램은 위원회부터 자원봉사자들까지 전부 어린 학생들에 의해 직접 운영되었다. 시카고, 뉴욕, 볼티모어, 워싱턴 D.C. 등 미 전역으로 조직되어 각각의 학교를 기반으로 단체를 운영했다.

그런데 이 오퍼레이션 플라이가 구호단체가 아닌 회사로 설립된 것은 어떤 까닭인가, 어떤 차이가 있는 것일까. 바로 이 지점에 황태일의 놀라운 아이디어와 추진력, 그리고 사업가적 기질이 숨어 있는 것을 엿볼 수 있다. 노숙자들에게 필요한 물품을 지속적으로 공급하는 역할을 하게 되는 오퍼레이션 플라이. 그 운영자금을 어떻게 구했던 것일까.

황태일은 이 봉사활동에 참여를 원하는 학생들을 대상으로 교육 사업을 진행했다. 학생들이 시중 가격보다 낮은 비용으로 과외를 진행하고, 이에 생기는 수익의 일부를 봉사활동을 위한 기금으로 출연하는 시스템을 구상한 것. 과외를 받고 싶은 학생과 과외를 하고자 하는 학생을 연결시켜주고, 그때 생기는 수익금은 봉사활동에 쓰는 회사. 그래서 이 오퍼레이션 플라이는 단순한 봉사, 구호단체가 아니라 즉 학원을 운영하는 회사가 된 것이었다.

황태일은 어린 시절부터 교육시스템의 문제점을 간파하고 있었다. 교육열이 강한 동양계의 부모님들 사이에선 과외로 많이 비용을 지출하는 경우가 많았고 황태일은 이러한 문제점을 개선하고 싶다는 생각을 하게 된다. 오퍼레이션 플라이는 바로 이런 문제를 해결해줄 수 있는 새로운 과외 프로그램이었다. 같은 고등학생이 자신이 뛰어난 분야의 과목을 다른 학생들에게 가르쳐주는 방식을 활용하여 낮은 비용으로도 과외를 받을 수 있게 했던 것이다. 그리고 여기서 나온 수익을 활용하여 오퍼레이션 플라이를 운영하게 된다.

그는 고등학생 시절 이미 두 가지의 소비자 기반을 두고 있었다.

첫 번째는 지역사회가 더 나아지도록 행동을 취하는 고등학생, 두 번째로는 저소득층이었다.

그가 만든 첫 번째 회사인 오퍼레이션 플라이는 사회에 영향을 주고 싶다는 그의 신념이 투영된 회사였던 것이다. 고작 16살의 나이에 기업의 의무를 인지하고 이를 실천했던 것. 오퍼레이션 플라이는 새로운 형태로

오퍼레이션 플라이 친구들과

저소득층을 지원해주었으며 이를 행한 이들은 다음 세대의 리더들이었다.

오바마 대선 캠프에 합류하다

중학교를 마치고 고등학교에 진학하자마자 황태일은 이전과는 또 다른 면모를 드러내기 시작했다.

아들이 어느 날, 고등학교 총 학생회장에 출마하겠다고 나섰을 때가 그 첫 번째 변화였다.

황태일의 부모는 그때부터 고등학교를 졸업할 때까지 여러 번 가슴이 철렁하는 걱정과 불안의 시절을 보내야만 했다. 학생회장에 당선된 뒤, 친구들과 회사를 만들어 회사를 홍보하고, 수요와 공급을 계산하고, 수익을 정리하고, 그리고 노숙자들에게 지원하는 시스템까지 구축해가는 과정을 지켜볼 때까지만 해도, 이건 사회봉사니까, 좋은 일을 하는 거니까 안도했다. 아들이 유난히 봉사활동에 관심을 쏟더니 이런 일까지 벌였구나했다. 그러던 어느 날, 부모는 아들에게 앞으로 대학에 진학해 사회에 나가게 되면 어떤 일을 하고 싶은 지 물었다. 황태일은 정확하게 무엇이라 대답하지 못했다.

부모는 너는 아시아계 미국인이라는 한계를 일깨워주었다.

정치계, 법조계, 행정 관료들 같은 직업은 넘보지 말라고 조언했다. 애쓰고 노력해도 잘 될 리 없다고 선을 그었다. 그리고 부모는 그날 일을 잊었다.

오바마 대선 캠프 기사

그런데 황태일은 고등학교 1학년 때 그 스스로, 누구도 권유하지 않았는데 오바마 대통령선거 캠프를 찾아갔다. 그리고 투표권도 없는 고등학생 신분이었지만 필드 매니저로 뛰었다. 미국에서는 연령에 상관없이 누구든 정치 참여를 할 수 있고, 정치 단체에서 봉사활동을 할 수 있다. 황태일은 적극적으로 오바마 대선 캠프에서 일했다. 도대체 왜, 갑자기 정치활동을 시작한 것일까. 그때 황태일은 학생회 등을 통해 정치적인 경험을 쌓아가고 있는 중이었다. 그곳에서 그는 카운티 및 주 학생회에 관여하며 교육 정책과 청년 정책을 옹호하고 지원하는 일을 했다.

또한 그는 오바마 캠페인에 참여하기 전 다양한 주 의회 캠페인에 관여했으며, 당시 주 의회 의원이었던 크리스티안 홀라드와 또 다른 도나 의원의 캠페인에서도 일했었고, 존 맥카티의 주 변호사 캠페인을 하기도 했다. 그러니까 따지고 보면 오바마 대선 캠프 참여는 고등학교 시절 그가 진행한 정치활동의 연장선상에 있었던 또 하나의 경력일 뿐인 것이다.

진정 아시아계 미국인은 미국의 정치계로 진입할 수 없는 것인가. 태생적으로 나에게 주어진 한계를 그대로 받아들일 것인가. 아니면 그 한계를 시험해볼 것인가. 황태일은 그 때 그런 생각이 가득했다고 밝혔다. 그는 오바마 캠프에 참여하는 것이 그렇게 어렵지는 않았다고 말한다. 오바마가 대통령 출마를 선언했던 2007년, 그가 이길 거라고 생각한 사람은 아무 없었다. 그의 여론 조사 득표수는 5% 미만이었고, 그가 누구인지 아는 사람조차 많지 않았다. 그의 캠페인에 참여하고자 원하는 사람은 많지 않았고 그래서 황태일은 그의 캠페인에 직접 참여할 기회를 얻게 된다. 오바마 대통령과 처음 같이 일했던 많은 이들은 그의 대통령 당선을 가장 먼저 믿었던 사람들이라고 한다. 그가 오바마 대통령에게 끌렸던 점은 바로 나라를 위한 낙관주의와 희망이었다고 강조한다.

그것은 황태일에겐 아주 명료한 메시지로 다가왔고 그러한 이유로 그는 정치에 참여하게 된다.

황태일은 변화를 만들고 많은 이들을 위해 대규모의 사회적 변화를 창출하고 싶었다. 그 부분이 그에게 대단히 큰 영감을 불러일으켰다. 특히, 전국 정당대회에서 했던 오바마 대통령의 연설은 많은 사람들에게 오바마 대통령을 각인시키는 계기가 되었다. 오바마 캠프에 참여했을 당시 그는 고등학생이었다.

몽고메리 카운티 학생회의 부회장으로 선출되었던 때였다. 황태일은 이렇듯 정치 참여를 늘려가며 커뮤니티 및 정부 기관에 점점 깊이 관여하게 된다.

정치 단체는 가장 빠르게 성장하는 스타트업

오바마 캠프에서의 경험은 황태일에게 어떤 영향을 주었을까.

정치, 캠페인 스타트업 등에 걸치고 있는 활동에서 가장 흥미로웠던 것은 정치적 캠페인이 가장 빠르게 성장하고 있는 스타트업이라는 생각이었다. 오바마 캠페인을 예로 들면 11달 내에 50개 주의 네트워크를 형성해야 했고 모든 50개의 주에 직원들이 있어야 했다. 수백 달러, 수백만 달 러를 관리해야 했고, 문화 · 작 전 등 모든 것을 최대한 빨리 진 행해야만 했다. 버지니아에 있 었을 때는 사무실이 없어서 교 회에서 자기도 했다.

오바마 대선 캠프 당시 선거 구역

　이러한 모든 것들이 학생이었던 황태일에게는 좋은 경험이 되 었다. 돈을 주고서도 살 수 없는 경험이란 것은 이런 것을 말하는 것이 아닐까? 힘들었던 만큼 값진 경험이었다. 황태일은 오바마 선거 캠페인은 젊은 미국인들의 지지로 이겼던 선거로 기억하고 있다. 투표를 하지 않았던 젊은 미국 유권자들이 버지니아, 오하 이오 등에서 대거 투표에 참여했다. 그 유권자들이 아니었다면 현 재 오바마 대통령은 그 자리에 있을 수 없었을 거라고 그는 말한 다. 필드디렉터로 활동하며 어려웠던 점은 억압된 에너지들을 보 다 지속적이고 제도화된 비율로 만드는 일이었다고 한다.

　학자금 대출 사안, 의료 서비스나 이민법 등의 사안을 파악해서 부당한 지점들을 찾아내고, 그 해결방안 구상해서 의견을 묻고, 정책의 방향과 내용이 정해지면 그 결과물을 짜임새 있게 조직하여 홍보하는 일까지 정치활동은 마치 하나의 생산물을 만들어 시장에 내다파는 일처럼 까다롭고 복잡한 과정을 밟게 된다. 더욱이 상품은 소비자들의 욕구를 만족시켜 팔리기만 하는 되는데, 정치적 활동의 결과물은 찬성표를 던지는 시민과 반대하는 시민 모두의 의견과 이익을 고려해야 한다는 점에서 훨씬 어려운 일이었다.

하나의 새로운 이슈가 생길 때마다 마치 신생기업 하나가 생기는 것처럼 담당부서, 담당자가 정해졌고 활동의 프로세스를 고민해야했다. 가장 빠르고, 가장 치열하며, 가장 예민한 스타트업인 셈이다. 오퍼레이션 플라이를 만들어, 회사 형태의 조직을 운영해본 경험이 있는 황태일에게 오바마 캠프에서의 경험은 아주 구체적이고, 생생하게 다가왔다. 막연하게 알던 것들이 확실해졌고, 고등학생들로 만들어진 오퍼레이션 플라이 조직의 문제나 한계도 보였다.

프로페셔널한 정치가들이 함께 한 오바마 캠프에선 주어진 과제의 명분과 가치를 따지곤 했는데, 이 또한 황태일의 사고의 폭을 넓히는 데 큰 도움이 된다. 돈을 번다는 이유로 대의명분을 쉽게 잃어버리는 경우가 얼마나 많은가. 고등학생이었던 황태일은 다양한 경험을 통해 실무를 익히고, 세상을 보는 눈을 키워갔다.

SMOB, 교육위원회에 뛰어들다

오바마 캠페인이 끝난 후 황태
일에게 메릴랜드주 몽고메리 자치
교육 위원회에서 일할 기회가 찾
아왔다. 17살, 고등학생에게 그건
대단히 매력적인 일이었다. 큰 단
체에서 확실한 역할과 임무를 가

SMOB 회의에 참석 중인 황태일

지고 일할 기회를 얻는다는 것은 큰 경험이 될 것이기 때문이다.
교육위원회라는 것은 미국의 각 주 지방정부에 소속돼 있는 단체
다. 교육전문가와 교육정책담당자, 교사와 학부모, 그리고 학생들
로 구성되는데, 주의 교육예산과 정책집행을 총괄하는 막강한 위
력을 가진 기관이다.

그런데 여기서, 학생위원에 대한 의견이나 위치는 좀 다르다.

교육문제를 이야기할 때 교육 주체인 학생들의 의견도 반영되
어야 하기 때문에 학생위원을 두는 곳이 있는가하면, 아직 미성년
인 학생에게 성인과 같은 권리를 줄 수 없다고 주장하는 곳도 있
다. 메릴랜드 주에서는 거의 모든 학구(school district)의 교육

위원회에 학생 대표가 있는데 그중 황태일이 재직한 몽고메리 카운티의 학생 위원은 메릴랜드 주 전체를 통틀어 교육 위원회의 가장 막강한 학생 위원이라고 할 수 있다. 성인 위원이 갖고 있는 거의 모든 권한을 학생 위원이 동등하게 보유하고 있기 때문이다.

이는 미국 내에서도 흔한 경우는 아니다. 몽고메리 학생 위원은 의회의 예산 처리와 관련된 문제를 제외하고는 성인 위원들과 권한이 거의 같다. 황태일이 바로 이 학생위원이 된 것이다. 이곳에서 황태일은 230개의 일반 사업 예산, 23,000명의 공무원들을 위한 1200억의 자본 예산을 다루었다. 최고의 전략, 실행을 하고 재능을 향상시켜나가는 것을 배우는 것은 매우 흥미로운 경험이었다고 한다. 특히 2009년에는 주 정부를 바꾸려고 하는 일을 다루면서 많은 소송과 정부와의 연계 업무가 많았다. 이를 통해 익힌 행정적, 정치적, 정무적 사고와 결정과정은 그에게 깊게 각인되었다.

어쩌면 스물두 살에 CEO가 될 준비를 이때부터 시작한 것이었는지도 모른다.

리더가 되려면 일을 배워라

황태일은 고등학교 12학년생 때 학생위원을 했다. 졸업하려면 한 학기 수업만 들으면 되는 상황이었다. 주로 독학을 통해 이미 AP를 굉장히 많이 해놓은 상태였기 때문에 공부는 문제가 되지 않았다. 학교 수업은 잠시 접어두고 모든 시간과 노력을 교육위원회 활동에 쏟아 부었다. 우리의 학교에서는 학교 운영위원회에 학생대표가 포함돼 있지 않다. 각 지역의 교육위원회에도 공식 결정 지구에 학생 대표의 자리는 없다.

사실 교육문제를 두고 전문가들과 함께 회의와 토론을 한다는 것이 학생입장에서 결코 쉽지 않은 일이다. 전반적인 교육행정과 실무집행과정에 대한 이해도 있어야 하고, 무엇보다 어른들이 나누는 대화가 무슨 뜻인지, 뭘 이야기하려는 것인지 이해력이 있어야 가능한 일이다. 황태일은 이런 점에서 전혀 문제가 없는 아이였다. KBS다큐 촬영 과정 중에 황태일을 기억하는 교육위원회 관계자를 여럿 만났다.

SMOB 회의에 참석 중인 황태일

그들은 한결같이, 황태일을 무척 똑똑한 아이였다고 기억한다.

학생답지 않게 범접할 수 없는 분위기가 있었고 당당함, 자신감이 넘치는 아이였다. 어른들 사이에서 토론할 때도 자신의 입장을 정확하고 조리 있게 발표하고, 반대의견에 다각도로 질문을 퍼붓기도 했다. 그는 어른들 못지않은 지식을 갖고 있었고, 적극적으로 학생의 입장을 대변하려고 애썼다는 평가를 받았다.

셜리 도나반(전 몽고메리 카운티 교육감)

셜리 도나반(전 몽고메리 카운티 교육감)은 황태일을 놀라운 인물이라고 말한다.

그가 학생대표로 함께 일할 당시, 지역의 여러 신문에서 그의 이름을 볼 수 있었고, 교육위원회가 고민하고, 추진하려는 사안들에 대해 황태일이가 소개되는 상황을 종종 만났다. 황태일이 그만큼 많이 뛰어다니고, 많은 의견을 모으고 다녔기 때문이다. 그가 학생위원으로 재직하기 전 그만큼 일한 학생대표는 없었다고 한다. 아마 앞으로도 황태일을 뛰어넘는 학생 대표는 나오기 어려울 것이라 예상한다.

"황태일은 매사에 항상 진지한 학생이었습니다. 그에게서는 늘 어떤 파동이 느껴지는 것 같았지요. 어떤 에너지 말입니다. 그는 에너지가 넘치고 재능이 많은 청년입니다. 우리 교육위원회에 왜 학생 대표가 필요한가 하는 질문에 정확하게 답해주는 처음 보는 학생이었어요." 황태일은 학생들을 위한 강력한 목소리였고 학생들을 토론에 끌어들였다. 그는 꼭 그렇게 할 것을 주장했고 학생위원들이 더 많은 권한을 갖게 하기 위해 아주 열심히 노력했다.

당시에 그가 원한 결론에 도달하지 못했던 일들도 2~3년 후 다시 재론되고, 황태일의 주장대로 바뀌는 일도 생겼다. 이는 그의 주장이 단순히 학생들의 막연한 바람이나 기대에 의존한 것이 아니라 학문적으로, 교육적으로 근거와 이유를 갖춘 주장이었다는 뜻도 된다. 그는 교육위원 활동을 하는 동안 학문적 엄격함(academic rigor)을 지표로 삼고 늘 이 지점을 강조했다.

그렇다면 구체적으로 어떤 일을 진행했는지 살펴보자. SMOB에서 성인위원 및 행정부와 함께 일하면서 했던 많은 일들 중 하나가 아날로그 문서를 디지털화될 수 있게 한 것이다. 그는 먼저 비디오카메라를 위원회에 요청했다. 테크놀로지에 대해 잘 모르는 성인 위원들은 이것으로 뭘 하려고 하는 지 잘 몰랐다. 황태일은 비디오카메라를 활용해 일종의 전자 블로그를 만들었다. 모든 자료와 증언들을 촬영해 정보를 공유하기 시작한 것이다.

사실 이것은 교육위원회 사업에 잘 모르는 학생들을 위한 작업이었다.

모든 행정과 예산은 학생들을 위해 진행되는데, 정작 학생들은 뭐가 어떻게 돌아가는지 전혀 모르고 있다는 사실을 깨닫고 황태일이 고안해낸 홍보 작업이었다. 이것은 학생들이 정부의 활동이 무엇이며 그들이 무엇을 진행하고 있는지 이해하는데 도움을 주었다. 그러자 학생들 사이에서 뭔가 활력이 생겨나기 시작했다. 당시는 세계 금융위기가 닥친 뒤였다. 힘든 회계연도였고 경기 침체가 시작되었을 때였다. 아이들과 교육을 지원하기 위해선 돈이 필요했지만 카운티 위원회에 예산을 신청하는 것은 쉬운 일이 아니었다.

황태일은 PTA(parent-teacher association. 학부모회, 사친회)의 학부모들을 모셔놓고 학생들의 목소리가 갖는 힘을 활용하기로 한다. 실제로 여러 사람들이 힘을 합친 캠페인이 있었던 건 그 해가 첫 해였다. 따라서 그러한 기반을 토대로 이제 그 일이 무엇인지에 대해 교육을 시키게 된 것이었다. 그 후에는 학생들도 예산에 무엇이 있는지, 우리가 자금 지원을 받지 못하면 어떤 게 걸려 있는지에 대해 이해할 수 있게 되었다.

이제, 학생들에게도 고민거리가 생긴 것이다. 그러자 카운티 교육 위원회에 회의가 열릴 때 학생들이 쏟아져 들어오게 되었다. 교육위원회에서 예산 심리를 열었던 그 당시를 황태일은 생생하게 기억하고 있다. 교육위원 활동을 하면서 가장 인상적이었던 순간은 그 때였다고 말한다. 자리는 모두 입석이었음에도 수많은 학생들과 학부모들이 방을 가득 채웠다. 모두가 한자리에 모여 조직화되었다는 사실이 믿을 수 없을 만큼 놀라웠다. 그것은 인식의 힘이 있었기에 가능한 일이었다.

사람들이 대표직에 선출될 때 자신들의 지역사회가 실제로 뭔가를 요구하기 시작했다는 걸 알고 믿었을 때 진심으로 감동하게 되는 것이다. 바로 그게 소수의 사람들이 나타나서 몇몇 협회(연맹)를 대변해서 말할 때와 사람들이 말한 그대로 직접 참석해서 증언할 때와의 차이다.

왜냐하면 행정담당자들은 그러한 압박을 가볍게 넘기지 못할 것이기 때문이다. 선출된 관리로서 '이 일이 그냥 사라지지는 않겠구나. 그들이 무슨 말을 하는지 내가 제대로 이해하고 경청해야

겠다. 그들이 원하는 결정이 있는데 과연 내가 지역사회의 의지에 맞설 것인가?'에 대해 느끼고, 받아들이기 시작하는 핵심적인 순간이 되는 것이다.

이 예산심리를 지켜보던 학부모들은 학생들의 모습을 보고 놀라워했다.

학생들은 단순히 암기한 말을 늘어놓는 것이 아니라 자신이 알고 있는 정보에 대해 명확하게 설명해냈다. 그것이 미치게 될 영향에 대해 정확히 알고 진정한 열정을 가지고 말할 수 있도록 학생들을 이해시켰기에 가능한 일이었다. 이런 모든 과정을 지휘한 것은 황태일이었다. 황태일은 교육위원회 SMOB에 있을 때부터 테크놀로지에 큰 관심이 있었다. 그곳엔 아날로그, 문서 업무에서 디지털로 전환하는 것과 관련된 일이 많이 있었다.

대학 졸업 후 만든 회사 '피스컬노트'에서 그가 기본적으로 하고 있는 일이 바로 그것이다.

더 많은 사람들이 정보를 공유할 수 있도록 아날로그 세계의 많은 걸 온라인 세계로 옮기는 것이다. 그것은 황태일의 강점 중 하나였다. 그리고 그러한 사업의 아이디어는 바로 이 때, 고등학교 시절의 경험 속에서 생겨난 것이었다.

시스템에 대한 이해

교육위원 활동을 통해 황태일은 무엇을 배웠는가, 하나만 꼽으라면 그는 '시스템에 대한 이해'가 가장 컸다고 한다. MOA(협약서)라든가 예산처럼 복잡한 문제에 대해 사안 자체를 이해하는 것은 공부를 하면 된다. 하지만 예산이 배분되는 과정을 보면, 단순히 'A 프로젝트의 예산이 줄었구나' 하는 차원이 아니

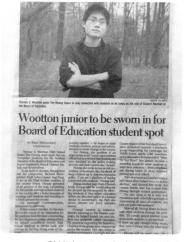

워싱턴 포스트지 신문에 게재된
황태일의 교육위원회 당선 기사

었다. A가 줄어든다는 것은 B가 늘어났다는 뜻이고, 정책적으로 더 선호하는 프로젝트가 무엇인가를 반영하는 것이고, 이 프로젝트에 대한 지원이 앞으로 부모와 학생들에게 어떤 영향을 미칠 것인가까지 예상하고 판단할 수 있어야 되는 작업이었다. 현재의 결정이 영향을 미치는 미래의 사태에 대한 정확한 이해가 없다면 오늘의 선택은 어쩌면 치명적 약점을 갖게 될 수도 있다.

황태일은 처음으로 그 과정을 따져보고, 시뮬레이션 과정을 통해 이해하려고 애썼다. 사업과 사업의 연결, 그 사업의 역사, 교육

적 평가, 핵심 관계자들의 면면까지. 그리고 다른 지역에서의 사례와 해외 사례까지 뒤져보면서 그는 소위 '시스템'을 알게 되었다. 정치적, 행정적 판단과 결정은 시스템을 잘 갖춰야 성공 가능성이 높아진다. 그리고 시스템에 대한 이해는 부족한 부분, 오류가 발생한 부분, 예산이 허비되는 부분을 파악할 힘을 준다.

학생 신분이었던 황태일은 이 과정에서 힘든 결정이란 무엇인가, 왜 그런가 하는 점을 들여다볼 수 있게 되었고, 시스템이 왜 이렇게 비효율적인가에 대해서도 생각해 보게 되었다. 교육 분야에는 모든 단계에 많은 규제가 있다. 지역, 주, 연방정부에서 각각 규제를 한다. 중요한 것은 학교 이사회가 이런 이슈를 어떻게 다루느냐는 것이다. 다른 단체에서 그렇듯이 수많은 변호사와 로비스트를 고용하면 그들이 정보를 읽어보고 각종 규제를 관리해 준다. 황태일은 이 시스템이 굉장히 비효율적이라고 생각했다.

한 예로, 메릴랜드 주 정부가 커리큘럼 변화, 경제 분야에 대한 지식과 관련한 새로운 규제들을 통과시키려고 했을 때였다. 2명의 풀타임 로비스트가 고용되었고, 위원회의 구조상 격주마다 정보를 받았을 수 있었다. 그러다보니 정보를 받을 때쯤엔 너무 늦어 일을 제대로 처리하기가 어려웠다. 한 시간 거리에 있는 곳에서 정보를 받는데 몇 주가 걸리는 상황이 발생한 것이다.

이때부터 황태일은 이런 비효율적인 시스템을 바꿔야한다는 생각을 품게 되었고 이는 결국 '피스컬노트' 아이디어로 이어지게 된다.

변방에서 중심부로 핵심은 자신감

황태일은 즐거운 마음으로 일을 했다. 학생 신분이었지만 그는 적극적으로 사람들을 만나고, 의견을 듣고 조율하는 데 힘을 쏟았다.

SMOB 회의실에서 롤렌드 이헬로아와 함께

결국 어떤 시민이건 유권자건 간에 그들이 신경 쓰는 건 그것이 내 교실, 내 학교, 내 구역, 내 지역사회에 어떠한 영향을 주느냐라는 걸 금세 깨달았다. 그건 아주 현실적인 깨달음이었다. 거창한 캐치프레이즈, 막연한 가치와 좋은 얘기로는 사람들을 감동시킬 수 없다.

구체적으로 드러나는 이익, 이익과 편의성이 먼저 보장되어야 사람들은 움직이고, 돈을 쓸 수 있게 된다는 사실. 고등학생 시절

SMOB 발표하는 황태일

에 이런 상황을 분명하게 알게 됐다는 것은 황태일의 사업가적 자질형성에 아주 큰 도움을 주게 된다. 황태일은 자신의 열정과 헌신의 힘을 통해 많은 영감을 줄 수 있었을 뿐만 아니라 사람들에게 아주 쉽게 접근하고 이해하게 하는 데 모든 수단들을 활용할 수 있었다. 그들은 황태일을 따르고 직접 참여함으로써 스스로에게 이익이 되고, 커뮤니티를 위해 진짜 봉사를 하고 있다고 느끼게 되었다. 그러자 성인 교육위원들도 황태일을 '동료'라 부르기 시작했다.

이건 아주 중요한 변화였다. 메릴랜드, 특히 몽고메리 카운티에는 굉장히 많은 다양성이 존재한다. 몽고메리 카운티의 약 15-20%가 아시아계 미국인들이다. 미국에서 아시아계 미국인의 인구 밀도가 가장 높은 곳 중 하나다. 따라서 그가 공직에 출마하고 그 지역사회에 있을 때 아시아계 미국인 사회와 함께 하면서 그들이 갖고 있는 몇 가지 문제들을 처리하기 위해 그들과 직접적으로 협력하는 것이 많은 도움이 되었다. 하지만 여전히 그들은 변방이었다.

실제, 수적인 힘을 갖고 있고 메릴랜드주의 주인이지만 그들 내면 어딘가에는 중심부로 나아가지 못하게 막는 소외와 선입견이 남아 있었다. 황태일의 존재는 특히 아시아계 학생들이 자신의 목소리를 내고 아시아계 미국인 사회를 대변하고 싶다고 느끼게 만들었다.

몽고메리 카운티에는 이민 학생들의 수가 증가하고 있다. 그들의 가족도 생소한 학교 시스템을 이해하지 못했다. 그는 역할 모델이 됨으로써 '여러분은 환영받고 있습니다. 여러분을 도와줄 사람들이 있고 여러분이 성공하고 봉사하고 자신의 기량을 쌓는 데 몰두하고 싶다면 한계란 존재하지 않습니다. 여러분도 지도자가 될 수 있습니다.'라는 아주 중요한 메시지를 보냈다. 그것은 어떤 계산법으로도 산출되기 어려운 수확이었다.

황태일의 이야기를 들어보자.

"교육위원회에서의 경험은 아주 멋진 경험이었습니다. 일반적으로 사람들이 살면서 얻기 힘든 귀한 기회였습니다. 아주 흥미진진했지요. 살면서 그렇게 좋은 분들을 많이 만날 수 있었던 것에 대해 무척 감사함을 느낍니다. 제가 열심히 뛰어서 좋은 결과가 나왔다고 생각하지 않습니다. 그곳에서 만난 분들이 제게 멘토가 되어주고, 조언을 해주었기 때문에 저 또한 바르게 판단하고 활동할 수 있었습니다. 특히 교육위원회에서의 활동은 제가 사업을 시작하는데 결정적인 모티브를 제공해주었습니다. 덕분에 사업 쪽에서 어느 정도 성공을 거둘 수 있었고, 앞으로 정치에 대해서도 생각할 수 있는 선택의 여지를 갖게 되었습니다. 그리고 저를 시작으로 여러 아시아계 미국인 학생들이 교육위원회에 지원해서 저와 같은 활동을 하고 있는 것으로 압니다. 그들에게 길을 열어주게 된 것에 대해 참 다행스럽게 생각합니다. 모두에게 잘해보자는 격려를 보냅니다."

○ 인터뷰: 몽고메리 카운티 교육위원 레베카 지얼드 박사

교육위원회에서 활동하게 되면 그 보상으로 학생 위원들은 대학 등록금에 보탤 수 있는 장학금을 받게 된다. 일반 학생들이 결코 알 수 없는 다양한 경험을 하게 되는데 황태일은 그 가운데서도 특별한 재능을 보였다. 포브스 매거진에서 황태일을 '가장 영향력 있는 30인의 30대 미만 인
물들'로 선정한 것을 함께 일한 교
육위원들은 모두 자랑스럽게 여기
고 있다. 황태일은 후배들의 멘토
역할도 하고 있다. 교육 위원회의
학생 위원으로 재직했던 경험이

레베카 지얼드 박사

있는 또 다른 한국계 저스틴 역시 황태일에게 많은 조언을 구하
고 있다.

학생 위원으로 재직했다는 공통분모가 인연이 되었다. 저스틴
은 고등학교 시절에 중요한 결정을 내려야 할 때면 조언을 구하기
위해 황태일을 찾아가 대화를 나누곤 했다. 저스틴이 생각하기에
황태일은 어린 학생들에게 훌륭한 역할 모델이 되는 사람이다. 우

리 모두는 큰 꿈
을 갖고 있지만
가끔씩 그것에
따라 행동하는
데는 어려움이
있을 수 있다.

저스틴에게 조언을 해주는 황태일

저스틴은 중학교 때 'Fly' 운영을 시작하고 SMOB에 지원한 황태일에 대한 이야기를 많이 들었다고 한다. 그에게는 그것이 격려가 되었고 황태일은 특히 아시아인에 대한 많은 고정관념을 깨뜨린다고 생각했다. 황태일은 일반적이고 고정적인 틀에 들어맞지는 않았지만 그보다 훨씬 더 많은 일을 할 수 있는 사람이었다.

정부에 아시아인 역할 모델이 있는 것은 그리 흔한 일이 아니다. 저스틴이 좀 더 커서 학생 위원회의 학생 위원으로 출마하기로 결심한 이유 중의 하나도 바로 그것이었다. 청년들에게는 큰 꿈이 있지만 나이가 들면서 때로는 그 꿈을 실행에 옮기는 게 힘들게 느껴질 수도 있다. 우리에게 무엇을 성취할 능력이 있느냐를 일깨워준다는 점에서 저스틴은 황태일을 같은 한국계 미국인으로서 역할 모델로 여기고 있다.

저스틴은 황태일처럼 많은 성과를 거둔 사람들과 대화를 나누면서 많은 것들을 배우곤 한다고 한다. 특별히 황태일과 대화를 나누고 난 후 저스틴은 자신이 앞으로 무슨 일을 하고 싶은지, 어떻게 사회에 가치를 부가할 수 있는지, 다른 사람들도 혜택을 얻을 수 있도록 그것을 어떻게 구체화할 수 있는지와 관련해서 생각할 게 많아졌다고 덧붙였다. 황태일은 같은 한국계 미국인 역할 모델이 있는 것은 저스틴에게 엄청난 영향을 끼쳤다. 그는 최선을 다해 그의 조언을 따르고 싶어졌으며 앞으로 자신의 커리어에서 최선을 다하기 위한 동기가 훨씬 더 많이 생겼다고 한다. 더 나아가 그는 미래의 선택을 고려하는 면에서 황태일의 발자취를 따를 것이며 사회에서도 황태일과 같은 수준의 영향을 미치고 싶다는 포부를 밝히면서 황태일에 대한 칭찬을 아끼지 않았다.

○ 인터뷰: 셜리 도나반(전 몽고메리 카운티 교육감)

황태일은 굉장히 헌신적이고 의욕이 넘쳤고 포부도 많았다.

위원회에서 학생위원으로 재직하고 있을 때에도 이미 그는 비즈니스 저널에서 비영리단체 '오퍼레이션 플라이'로 크게 인정을 받았다. 그는 확실히 에너지가 넘쳤고 한 번에 한 가지 이상의 일을 할

셜리 도나반(전 몽고메리 카운티 교육감)

수 있었다. 학생 위원임과 동시에 학업에서도 뛰어났다. 그는 힘든 스케줄에도 불구하고 그 해에 메릴랜드 주에서 가장 많은 수의 AP 코스 달성으로 인정받기도 했다.

황태일은 교육 위원회에서 학생들이 교육 위원회가 추진하고자 하는 모든 사안들을 확실하게 이해하길 원했고 그것에 초점을 맞추었다. 그래서 테크놀로지 지식을 갖춘 젊은이로서 자신이 이해하고 편안하게 여기는 다양한 멀티미디어를 가지고 학생들이 더 빨리 이해하고 따라오게 하기 위해 활용했던 것이다. 기존 의사소통의 방식에 있어 단순히 위원회 회의석에서 이야기하는 것으로는 부족했던 것에서 학생들이 쉽게 이해하기 시작할 수 있도록 말이다. 실제로 이것은 카운티 교육 위원회에 학생들의 참여를 빠른 속도로 가속화시켰다.

그는 실제로 학생들이 더 나은 동역자가 되도록 그들을 교육시키고 정보를 줄 수 있었다. 더 나아가 그는 신속하게 일을 처리하는 능력도 갖고 있었다. 그래서 황태일은 자신이 시작했던 비디오 영상을 가지고 학생들이 위원회 업무를 이해하는 것을 도와주었다. 그 후에도 그는 예산의 아주 복잡한 사안 설명에 도움을 주고 그것을 더 이해하기 쉽게 만드는 데 그러한 다양한 비디오들을 활용할 수 있었다.

학생들은 단순히 그가 해준 말만 이해하는 게 아니었다. 황태일은 학생들이 모든 면에서 좀 더 깊이 이해할 수 있게 해주었다. 따라서 학생들이 발표를 하러 갔을 때 그들은 마음에서 우러나오는 깊은 말을 할 수 있었으며 그것은 훨씬 더 강력하고 설득력이 있었다. 그는 실제로 다른 젊은이들에게 지지를 끌어내는 일을 아주 효과적으로, 아주 훌륭하게 해냈던 것이다.

04
열 정 의 또 다 른 이 름

일

조찬 미팅 중인 황태일

황태일과 피스컬노트를 둘러싼 세 가지 의문

황태일의 회사 '피스컬노트'는 워싱턴 D.C.에 본사를 두고 있다. 우리가 처음 만난 날은 비가 주룩주룩 내리는 2월의 이른 아침이었다. 아직 어둑어둑한 오전 6시에 황태일은 말끔한 얼굴로 약속 장소에 나왔다. 마치 잠이란 것은 한 숨도 자지 않았다는 듯 명랑하고 씩씩해보였다. 간단한 미팅을 마치고 그는 곧바로 자신의 약속장소로 향했다. 회사 관리직에 있는 동료들과 하루에 한 명씩 조찬미팅을 하고 있었다. 일단 업무가 시작되면 각자 정신없이 바쁘기 때문에 회사 대표와 중간 관리자가 진지하고 깊이 있게 대화할 시간이 없다. 하지만 이건 반드시 필요한 일. 업무상 상의해야 할 일도 의논하고, 개인적인 관심과 고민도 나눈다.

그리고 회사 대표로서 계획과 비전, 현재의 문제들을 허심탄회하게 털어놓는다.

황태일은 벤처기업의 생명은 중간관리자의 리더십에 달려있다는 것을 잘 알고 있기 때문이다. 창업 3년차 신생기업임에도 피스컬노트에 대한 관심은 대단했다. 2015년 11월 포브스지가 2016년 유망기업으로 손꼽으면서 피스컬노트의 위상은 한층 더 높아졌다.

직원들은 점점 늘어나고 있었고, 미국 내 명문대학 졸업생이나, 구글, 페이스북 같은 글로벌 기업에서 근무하던 이들도 망설임 없이 피스컬노트를 선택하고 있었다. 회사 분위기는 자유롭고 즐거워보였다. 다들 점심을 먹기 위해 따로 시간을 내지 못할 정도로 바빴지만 힘들다거나 지겨워하는 표정은 찾아 볼 수가 없었다.

나는 여러 날 동안 황태일과 같은 스케줄을 보냈다.

그리고 아주 가까운 거리에서 그를 지켜볼 수 있었다. 그의 개인적인 일정 외에 거의 모든 일정에 동행했다. 그의 하루는 벤처기업 대표로서 투자와 인력관리, 그리고 판매와 마케팅, 홍보, 그리고 새로운 소프트웨어와 기존 피스컬노트의 업그레이드 버전을 개발해내는 작업까지 관여하며 아주 다이내믹한 하루를 보내고 있었다. 활기차고, 당당하고, 엄청난 미래비전을 가진 젊은이를 만난다는 것은 가슴 뿌듯하고 아주 설레는 일이었다.

황태일은 피스컬노트를 21살에 창업했다. 그리고 공식적인 창업 1년 반 전에 1900만 달러의 VC 투자를 받았다.

이 과정에서 정말 많은 것을 배울 수 있었다. 18개월 동안 미국 각지를 돌아다니며 투자를 이끌어냈고 100명의 직원을 채용했으며 전 세계 400개의 회사에 피스컬노트를 판매했다. 창업 3년째인 2016년에만 2천만 달러의 투자를 유치할 예정이다. 피스컬노트는 향후 1~2년 동안 성장하고 확장하는 과정에 있으며, 최근 아주 많은 벤처자금을 받았다. 대략 벤처자금만 3천만 달러 이상이 될 것으로 보인다.

우버, JP모간 등 글로벌 투자회사들이 법과 규제가 어떻게 자신들의 산업에 영향을 미칠지에 대한 정보를 얻기 위해 피스컬노트, 이 소프트웨어를 사용하고 있다.

나는 처음 이 이야기를 들었을 때 세 가지 점에서 크게 놀랐다.

첫 번째는 이런 어마어마한 일들을 구상하고, 실현시켜 낸 것이 스물 한 살의 젊은 청년이라는 점. 사실 많은 젊은이는 과감하지만 세심한 전략이 조금 부족한 면이 있다. 젊은이는 열심을 낼 수 있는 체력이 있지만 사회 전반에 걸쳐 아직은 비즈니스 인맥이 약하다. 젊은이는 세상살이의 경험이 부족하다. 따라서 그들의 결정과 판단에는 오류가 발생할 확률이 아주 높다. 그럼에도 황태일은 스물한 살에 회사를 설립해 3년 만에 미국 언론이 주목하는 유망 벤처기업으로 키워낸 것이다.

두 번째는 그의 투자금이라는 것이 한 푼도 없었다는 점. 그러니까 모든 사업을 시작하는 데 반드시 필요한 것이 돈인데, 그는 돈이 아닌 아이디어로 이 모든 일을 키워냈다는 점에 놀랐다. 그가 피스컬노트를 창업하면서 들어간 자신의 투자금이라면 캘리포니아 실리콘밸리에서 보낸 3개월간의 여행자금 정도이지 않을까 싶다. 과연 돈 없이 아이디어만으로 회사를 설립하고 키워낼 수 있을까. 황태일이 지닌 어떤 자질과 능력이 여러 투자회사들로부터 투자금을 받아내게 했을까. 황태일의 어떤 점이 그들에게 신뢰를 주었을까 궁금해졌다.

세 번째는 현재 피스컬노트 운영진에는 중, 고등학교 시절 친구

몇 명이 함께 일하고 있다는 것이었다. 실제 이 소프트웨어를 만들어내는 데 그들이 함께 힘을 모아주었다. 그러니까 동업자 친구들이 있다는 애기다. 그 친구들은 한결같이 이 모든 일을 구상하고 만들어낸 황태일을 격려하고 칭찬하고 존경한다.

나는 이 지점에서 크게 놀랐다. 도대체 황태일의 리더십이란 무엇인가 좀 더 깊이 있게 파헤쳐보고 싶었다. 아직 이렇게 어린데 무려 10년이 넘는 인간관계를 만들어가며 그들에게 한결같은 모습을 보여줄 수 있는 그의 자제력과 인간 됨됨이를 꼼꼼하게 들여다보고 싶어진 것이다.

자, 이제 황태일이 처음 피스컬노트를 구상하던 때로부터 차근차근 점검해보자. 이야기는 대학교에 입학하면서부터 시작된다.

대학생 황태일, 미전국대학생연합회(NYA)를 시작하다

프린스턴 대학을 선택해 뉴저지로 건너온 황태일의 처음 목표는 아마도 정치였던 것으로 보인다. 그는 컴퓨터 공학과 공공정책을 선택해 집중 공부했다. 컴퓨터 공학을 선택한 것은 기술의 발전에 대해 무지한 상태로는 세상을 이해할 수 없다고 판단했기 때문이다. 그리고 공공정책은 사회를 이끌고 있는 공적 기관의 구조를 제대로 이해하기 위해서였다. 여기서 그는 학문적 토대위에서 다양한 경험을 할 수 있

타임지 미국 차세대 지도자 25명에 선정된 황태일

있었다. 정책에 대해 생각하고 실제 사용할 도구에 대한 이해의 폭도 넓혀갈 수 있었다.

2학년 과정이 거의 끝나갈 무렵, 황태일에게 뜻밖의 제안이 왔다. 예전, 고등학교 시절 참여했던 오바마 대선 캠프에서 만났던 사람들이 젊은이들의 의견, 젊은이들의 목소리를 모으고, 대변해 줄 수 있는 어떤 기구를 만들려고 하는데, 같이 하자는 제안이었다. 황태일은 주저 없이 그 제안을 받아들였다. 그 기구가 NYA, 미전국대학생연합회가 되었다.

그때가 2010년이었다. 미전국대학생연합협회의 아이디어는 이미 서서히 그 실체를 드러내고 있는 청소년 세력을 제도화하기 위

04 일, 열정의 또 다른 이름 | 121

해서였다. 황태일은 2008년 오바마 선거 캠프에서 무척 좋은 에너지를 받았었다. 많은 이들이 미처 몰랐지만, 2008년 오바마 대통령이 선출되었던 것은 젊은 미국인들 중 투표하지 않던 유권자들의 투표 참여가 늘었기 때문이었다. 젊은 미국인들 사이에 정치적 참여를 늘려야겠다는 생각과 움직임이 점차 늘어나고 있었던 것이다.

황태일은 이런 에너지를 포착하고 있었고, 막연하게 그 움직임을 조직화해야 한다고 생각하고 있었는데, 바로 그 무렵 제안을 받은 것이다. 그는 바로 조직을 만드는 일에 뛰어들었다. 황태일이 처음 젊은이들을 향해 던진 카드는 학자금 대출. 당시 학생들과 젊은 층이 직면하고 있는 고민거리들이었다.

NYA의 목표는 젊은이들이 정치에 참여할 수 있도록 도와주는 것이었다. 수많은 미국의 젊은이들은 자신들이 사회를 변화시킬 수 없다고 생각해서 정치에 참여하지 않고 있다. 황태일은 젊은이들이 정치, 정부 즉 사회를 변화시킬 수 있다는 것을 증명해 내고 싶었다. 무기력하고 나약해 보이는 젊은이들이 관심을 가지는 한가지는 정부의 투명성이다. 자신들이 낸 세금이 어떻게 사용되고 정부가 어떠한 정책을 시행하고 있는지 등에 대해서는 예민하게 촉각을 곤두세우고 있다.

황태일은 바로 이 지점을 파고들었다. 젊은이들이 정치에 더 관여되면 실행되는 정책의 종류가 달라진다는 것을 알고 있었다. 예를 들어 미국에서는 학자금 대출이 큰 쟁점이다. 대학교를 가게 되면 졸업 후에도 수년 동안 수천달러의 돈을 갚아야 하는 문제가 있다. 이 쟁점은 장년층에게는 빚을 진 젊은이들만큼 중요한 사안이 아니다. 젊은 정치가나 공무원은 이러한 쟁점에 대해 크게 신경을 쓰고 학자금 대출의 빚을 줄이기 위한 더 나은 정책을 제안할 것이다. 황태일은 이곳에서 정치적 목표를 세우고, 세력을 조직해나가는 과정을 훈련해나갔다.

미전국대학생연합회(NYA)는 어떤 단체인가?

NYA는 각 지역별로 학생, 20-30대 젊은이들에게 발언권을 주기 위해 만들어진 단체이다.

힘을 합친 행동으로 인해

(미국대학생연합회회장) 애디커스 프랑켄

이익이나 기회를 갖게 된다면 그것을 함께 나누게 된다. 즉, 친목단체나 봉사단체가 아닌 확실한 이익단체다. 목적을 가지고 그 목적을 법적, 정치적, 제도적으로 구현해내기 위해 캠페인도 벌이고, 정치인들과 미팅도 하고, 언론플레이도 하는 그런 단체라는 얘기다. 학생들의 요구와 학교에 다니지 않는 젊은이들의 요구가 다를 수 있기 때문에 학생들의 경우, 학자금 대출 같은 이슈를 설정하고, 젊은이들에게는 취업과 창업을 돕는 일을 한다.

이들은 자본화된 기술과 정치적 변화들을 자신들에게 보다 유리하게 만들기 위해 뛰고 있다.

황태일과 그의 친구들이 NYA를 만들고 나서 진행한 활동을 살펴보면 전국에서 청소년 교과서를 교환하고, 할인해주는 활동, 대학생들의 취업, 인턴십 채용에 관한 정보와 지원을 대학이 의무적으로 담당하도록 했고, 청소년 관련 이슈 예를 들어 교육 형태, 소비자 보호 등에 대해서 전국적으로 활동했다.

○ 인터뷰: 애디커스 프랑켄 (현 NYA 회장)

황태일을 처음 만난 것은 2009년 한 모임에서였다. 공식 행사가 끝나고 우연히 황태일과 이야기를 나누던 중 NYA에 대해 처음 들었다. 당시 황태일은 리더십 역할을 충실히 수행할 사람을 찾고 있었고 조직을 만드는 데 함께

애디커스 프랑켄 (현 NYA 회장)

할 동료가 필요한 시기였다. 처음 그를 봤을 때 비슷한 또래의 젊은이라고는 믿기지 않을 정도로 똑똑한 사람이라는 인상을 받았다. 그는 여러 곳을 다니며 사람들을 만나고 있었고 새로운 프로젝트를 추진하고 있었는데 굉장히 열정적인 모습이었다.

거기서 나는 깊은 감동을 받았다. 사실 그의 곁에서 그가 계획하고 준비한 일들이 하나하나 결실을 맺어가는 과정을 지켜보는 일은 아주 즐겁고 흥미진진한 경험이었다. 나의 부모님들은 내가 정치적인 활동에 참여하는 것을 지지해준다. 그분들도 다른 미국인들처럼 정치적 절차나 그 소용에 있어서 불만을 갖고 계시기 때문이다. 그래서 부모님들도 이 세계에서 그가 어떤 것들을 보는지, 어떤 보상을 받는지, 그가 배우는 것은 무엇인지, 그가 무엇을 성취하려는지 등을 궁금해 했다.

내가 정치적 성향이 짙은 조직에 참여해 특히 앞장서서 나의 메시지를 추진한다는 것을 알고 부모님들은 도리어 격려를 많이 해주신다. 내가 더 나은 세상을 만들고 있다고 믿는 바를 향해 노력하는 것이 부모님들께는 자랑스러운 일이기 때문이다. 사실 같은 일을 하는 사람들과 함께 더 이상 좌시하지 못하도록 압력을 가하는 노력을 할 수 있으니 말이다. 개인일지라도, 천 명에 달하는 네트워크 안에 있다면 묵살 당하기 힘들다. 자신의 선거구 안에서 말이다.

정치 참여, 조직화, 아이디어의 실현

NYA가 처음 시작했을 당시 청소년, 젊은이들의 정치 조직이라는 것은 비교적 새로운 조직이었다.

당연히 NYA를 창립하는 데 있어 여러 가지 어려움이 있었다. 그 맨 앞에 서 있던 황태일도 여러가지 도전을 받았다. 특히 단체를 운영하는 방법에 있어 다른 사상이나 관점을 가진 어른들과의 대립은 그가 넘어야 할 중요한 과제였다. 그는 이미 굳어진 생각을 가진 이들에게 자신의 아이디어와 비전을 설득하는 작업이 얼마나 어렵고 힘든 과정인
지 처절하게 경험할 수 있
었다. 다른 이념을 가진 사
람들로부터 도리어 강요를
당하게 되는 경우도 많았
다. 하지만 갈등하고 대립

워싱턴 D.C.

한다고 해서 포기할 사안이 아니었다. 어떻게든 합의를 이끌어내
야 한다면 어떻게 해야 할 것인가.

황태일은 의견이 다른 사람들과 여러 차례의 집중회의를 진행
했다. 먼저 공통적으로 합의하는 내용을 정리해내고, 절대 양보
할 수 없는 의견이 엇갈리는 사안들은 차근차근 따져보고, 의견을
들었다. 결국 황태일은 단체의 공동 목표와 보다 명예로운 판단이
무엇인가에 집중했다. 참 어려운 시간이었지만 무엇이 사람들을
하나로 모으고 흩어지게 하고 무엇이 이러한 단체를 운영하게 하
는지 생각할 수 있는 시간들이었다.

NYA에서 황태일은 이민관련 서류, ACA실행, 무상 장학금 등
의 많은 일을 했다.

이 때 깨달았던 가장 큰 것 중 하나는 워싱턴에 있을지라도 일

반인들은 미국 의회나 정부 부서, 더욱이 공무원이라 하더라도 다른 부서에서 하는 일을 모른다는 것이다. 수많은 미팅과 자료 분석을 통해 NYA의 의견을 정리해서 건의하면 정부 관련 부서에서 검토가 이뤄진다.

황태일이 흥미롭게 생각했던 부분은 의회가 효과적으로 막는다는 것이었다. 주지사들과 행정 부서는 연방 단위보다는 주 단위로 빠르게 움직이는데, 의회는 아무 것도 하지 않았다. 의회의 관심을 끌어내기가 무척 어려웠다. 결국 의회가 재정문제를 처리하지 않으면 그 사안은 다시 주 단위로 내려오게 되는데, 이렇게 되면 관련 자료를 수집하는 일은 더욱 어려워진다.

정치적, 정책적 결정은 많은 사람들이 연관돼 있고, 국가 예산이 걸려 있고, 그리고 이익을 얻는 측과 피해를 보는 측이 생기기 마련이다. 따라서 이런 결정에서 유리한 지점을 확보하기 위해서는 예측되는 반대 의견을 충분히 검토해서 그에 대한 반박 의견을 준비해야 했다.

황태일은 구글에 들어가서 자료를 얻으려 애쓰는 과정을 경험하며 그의 사업에 관한 아주 중요한 아이디어 하나를 얻게 된다. 관련법들을 한꺼번에 검색해볼 수 있는 어떤 시스템, 어떤 소프트웨어. 왜 그것이 없을까. 미국은 각 주마다 법이 다르고, 그 위에 연방법이 있고, 매일 매일 조례와 규칙과 법이 조금씩 바뀌고 있다. 일반인들은 물론 그러한 사실들을 바로바로 알 수 없다. 그런데 법조인들조차 잘 모른다. 그들도 시간을 가지고 찾아봐야 알 수 있다.

지금은 디지털 시대인데, 왜 법에 관한 서치 엔진이 없을까. NYA 활동을 하는 과정에서 황태일은 워싱턴에서 일하는 많은 이들이 자신의 이러한 생각에 동의한다는 것을 알았다. 만약 이러한 검색엔진이 있다면 그걸 이용할 고객이 생각보다 무척 많다는 뜻이다. 피스컬노트는 바로 미국의 법을 바로 바로 찾아볼 수 있는 검색 엔진을 개발해보자, 어쩌면 기술이 이 문제를 해결해줄 수 있겠다.

황태일은 생각하기 시작했다.

" 아무도 너에게 할 수 없다고 말하게 하지 말라"

황태일은 NYA를 만들게 된 건 단순한 과정이 아니었다고 말했다. 그의 스무 해 인생의 여러 경험들이 차곡차곡 쌓여서 발현된 하나의 종합체 같은 것이었다. 중학교 때부터 학교 자치회 소속으로 활동하면서 더 나은 학교 정책과 출석 규제 등을 다루었다. 이때 학교 자치회의를 이끌면서 충분한 경험을 쌓았고 고등학교 3학년 때는 몽고메리 자치 교육 이사회에 속하기도 했다.

NYA는 학창시절 내내 학생의 옹호자로서 활동하며 정치적 감각을 쌓아온 결과였다. NYA 활동 당시 황태일은 교육계의 과제를 실감하기도 했다. 황태일은 교육계의 가장 큰 과제로 교육적 개혁을 꼽는다. 뉴스나 잡지 등의 기사에 따르면, 고용주가 지원자의 지원서에서 주로 살펴보는 것은 기술이 아닌 교육의 정도이다. 대학교를 졸업했는지 고등학교는 나왔는지를 보는 것이다. 하지만 현재의 교육제도에서 보면 대졸자는 고졸자에 비해 적다. 이는 한국에서도 쟁점이 되는 문제 중 하나다.

능력보다 학력을 우선시 하는 현재의 시스템은 교육적인 개혁을 통해서 바뀌어야할 것이라고 황태일은 강조한다 프린스턴 대학의 한 후배는 황태일의 프린스턴 대학시절을 기억하고 있었다. 황태일은 거의 매일

대학 후배와 대화중인 황태일

그 먼 장거리 켈리에서 워싱턴, 뉴욕을 오가면서도 학교생활을 충실히 했다. 수업도 거의 빠지지 않고 모든 과제에도 성실히 참여했다. 그 모습이 친구들에겐 정말 놀라웠다고 한다. 눈코 뜰 새 없이 바쁜 스케줄을 소화하면서도 학업을 소홀히 하지 않는 모습에 친구들은 감탄을 금치 못했다. 그리고 그 모습을 보며 자신들도 더 열심히 할 수 있었다고 말한다.

황태일도 학교 다니는 것이 쉽지만은 않았다고 말한다. 대학생활의 하반기를 제대로 누리지 못한 기분이 들어 아쉽다고도 했다. 사실 이 시기 가장 힘들었던 것은 균형을 이루는 것이었다. 1, 2학년 때는 NYA를 하느라 매주 워싱턴으로 5시간을 운전하면서 학교를 다녀야 했다. 더구나 프린스턴은 엄청난 양의 독서를 해야 하는 대학이었기에 수업을 들으며 책을 읽고 NYA 활동까지 병행해야하는 일정은 한마디로 죽음의 스케줄이었다.

그런데 이 와중에도 그는 사업을 시작할 준비를 했다. 정말 열정을 갖는다면, 간절히 원하는 목표가 생긴다면 과연 그렇게까지 할 수 있을까. 이야기를 듣고, 실제 그의 모습을 보면서도 그저 감탄사를 연발할 뿐이었다. 황태일은 젊은이들에게 "아무도 너에게 할 수 없다고 말하게 하지마라." 라고 말한다. 많은 사람들이 '너는 너무 어려. 조금 더 큰 다음에, 조금 더 경험을 할 때까지 기다려.'라고 말하는데 황태일은 그렇지 않다. 그는 하고 싶다면, 뭔가 이끌리는 것이 있다면 지금 바로 시작하라고 얘기한다. 아무리 미성년이고, 청소년이라 해도 자신의 이익과 권리를 위해 주장할 수 있고, 원하는 것을 얻기 위해 뛰어다닐 수 있다. 그들의 목소리가 나이 때문에, 지위 때문에, 학력 때문에 누군가에 의해 억압되지 않아야 한다고 말한다.

그는 가장 열정적이고 가장 모범적으로 주장을 펼치고 권리를 찾아내는 놀라운 모델이 되어가고 있다.

정치에서 사업으로, 인생의 방향을 바꾸다

피스컬노트 본사

대학 2학년을 보내는 동안 황태일은 인생의 진로를 바꾼다. 대학에 진학할 때만 해도 정치를 염두에 두고 있었는데 그 무렵 꼭 만들어보고 싶은 사업 아이템을 발견했기 때문이다. 그것이 바로 '피스컬노트'다.

피스컬노트는 그가 친구들과 함께 개발해낸 미국 법률 검색 엔진, 즉 필요한 사항을 바로바로 검색해서 열람해볼 수 있는 법률 소프트웨어의 이름이자, 이를 판매하는 황태일의 벤처기업 이름이다. 황태일이 피스컬노트를 만들 수 있었던 계기엔 정치 분야의 경험이 크게 작용했다. 오바마 캠프와 NYA에서 활동하면서 그는 법률의 중요성을 깨달았고, 굳이 법조인의 도움을 받지 않더라도 간단한 법률 내용을 검색해서 볼 수 있다면 모든 일을 진행하는데 속도도 빨라지고 정확도도 높아질 거라는 생각을 하게 된다. 여기에 대학에서 배운 컴퓨터 공학, 즉 현 단계의 기술 상황에 대한 공부들이 접목됐다.

사실 처음 피스컬노트에 대해 들었을 때 요즘처럼 디지털과 인터넷 환경이 발전한 시대에 법률 검색 엔진이 아직도 없었나 하는 생각이 들었다. 백과사전이나 인물사진, 그밖에 많은 역사, 시사, 경제 정보들이 인터넷에 넘쳐나는데 그중에 법률에 관한 정보가 빠졌을 리가 없다.

여기서 잠시 짚고 가자면, 피스컬노트는 단순히 법조문 내용을 전달하는 검색시스템이 아니다. 법 조항이 중요한 것이 아니라 그

법 조항이 어떻게 적용되고 어떻게 해석됐느냐가 더욱 중요하다. 변호사를 고용해서 비용을 들이는 이유가 바로 그것이다. 그런데 일단 각종 관례나 관련사건, 관련 소송에 관한 정보를 미리 검색해볼 수 있다면 시시비비를 따지거나 소송을 진행하기에 훨씬 유리하고 편리할 것이다. 피스컬노트는 바로 이런 역할을 하는 검색 엔진이다.

법률 검색 엔진의 필요성을 깨닫고, 개발에 착수하기 전 황태일에겐 하나의 고민이 있었다. 기존 인터넷 환경에 있던 법률 검색 시스템을 토대로 그 위에 여러 아이디어를 첨가해 보완, 확대시킨 상품을 만들 것인가 아니면 현재 존재하는 방법이 아닌 완전히 새로운 해결책을 내놓을 것인가.

여기서 황태일은 시스템의 불합리성을 해결하기 위해 20% 더 나은 상품을 만드는 것보다, 어렵고 지난한 과정을 거치더라도 완전히 새로운 무엇을 만들기로 결심한다.

다음 단계는 과연 나에게 그 새로운 무엇을 만들어낼 능력이 있는가를 점검해보는 일이었다. 당시 변호사들이 사용하고 있는 법률에 관한 소프트웨어는 질이 매우 떨어지는 편이었다. 황태일은 대학 공부에서 최신 기술 트렌드에 대한 4가지 특징을 발견한다.

첫 번째 트렌드는 현재 많은 정보가 클라우드에 저장된다는 것. 요즘 소프트웨어는 온라인에 직접 올려져있다는 것이다. 두 번째 트렌드는 전문가들을 위한 소프트웨어 개발이 예전보다 더욱 세부적으로 연구되고 있다는 것이다. 세 번째는 인공지능의 혁신적인 발달이다. 네 번째는 인터넷이라는 공간의 디자인이 변화되고 있다는 것이다.

2010년을 넘어서면서 이런 트렌드는 1990년대나 2000년 초반과는 매우 다른 양상으로 펼쳐지고 있었다. 황태일은 이런 트렌드를 적극 반영한다는 전제 아래 연구와 고민을 거듭하며 개발 작업에 착수했다. 피스컬노트에서 많이 시도하고 있는 것 중 하나는 정보와 기술에 대한 새로운 접근이다. 정보 면에서 현재는 미국 내에서만 이용되고 있다. 즉 정보는 미국 입법부와 미국 규제 기관에서만 운용되고 있지만 곧 법정 소송 사건 등 다양한 것들을 개발하고 있어, 곧 시장도 국제적으로 넓혀나갈 생각을 가지고 있다. 그래서 그는 외국 정부와 대외 정부가 하는 일들을 면밀히 연구하고 살펴보는 중이다.

황태일은 자신이 사업을 시작할 수 있었던 가장 큰 이유로 나이 스물 한 살의 젊은이라는 점을 지적한다.

어떤 이는 너무 어려서 사업하기에는 어울리지 않는다 생각할지 모르지만 기존 시스템과 구조에 대해 전혀 새로운 아이디어를 내고, 그 아이디어를 구체화시키고, 즉각 만들어내는 작업을 시작하는 데 나이는 오히려 젊을수록 이익이 된다고 말한다. 특히 대학생 시절은 대단히 유리한 시기다. 사업을 시작하는 데 있어 학교를 다니는 것은 새로운 시각을 갖게 해준다. 자신의 것을 계속 실험하는 것이기 때문에 학교에 다니면서 사업을 한다는 건 무엇에 대해 스스로 찾아보는 최적의 때라는 것이다. 혹시나 일어날지 모르는 '실패'조차 경험일 수 있으니, 그건 도리어 플러스. 그래서 그는 사업을 시작하면서도 아무 두려움이 없었다.

황태일의 피스컬노트를 해부하다

피스컬노트 홍보 자료

■ 문제는 법의 조직화

　피스컬노트가 기본적으로 해결하고자 했던 문제는 법이 조직화 되어있지 않다는 것이었다. 법에 대한 역사를 살펴보면 함무라비 법전에서부터 무려 2천년이 넘게 흐르면서 다양한 발전을 이뤄왔다. 인류는 법을 만들고, 그 만들어진 법조항을 끊임없이 수정하고 보완하면서 역사를 이끌어 온 것이다. 하지만 기본적으로 오늘날 법은 체계가 없다. 조직화되어 있지 않기 때문이다. 인간사회는 이러한 정보를 지금까지 체계화시키지 못해 왔다. 이에 따른 결과로 많은 법적 불확실성을 초래하게 된다.

　이 말은 새로운 법이 통과될 때 사람들은 그들이 사업을 하는데 있어서 그것이 무슨 의미인지 모른다는 것이다. 법률이 통과될지, 소송에 걸릴지, 법으로 정한 것의 후속 효과는 무엇인지, 판례법의 영향은 무엇일지 등에 대해 아무도 모른다. 법조인조차 정확한 판단을 내릴 수가 없다. 정답이 없는 세계, 수많은 상황 확률에 놓인 상태라는 것이다. 그렇기 때문에 정보의 공유는 반드시 필요한 작업이다. 평범한 시민들은 살면서 법조문을 들여다볼 일이 별로 많지 않다. 하지만 행정과 금융에 조금만 관심을 갖거나, 혹 작은 가게라도 차려볼 계획이라면, 때로 집을 제 손으로 지어보고 싶다면, 하다못해 아이를 외국에 있는 학교에 보내고 싶다면 관련된 법 내용을 알아두어야 한다.

그런데 법 제정이나 개정에 대한 정보를 미리 알고 싶으면 두 가지 방법이 있다. 첫 번째 방법은 변호사에게 많은 돈을 주는 것이다. 돈이 많은 단체에서는 이 방법이 가능하다. 두 번째 방법은 뉴스를 보는 것이다. 하지만 안타깝게도 뉴스는 많은 정보를 걸러내기 때문에 폭넓은 정보를 알려주지 못한다. 정확하게 내가 알고 싶은 내용을 해결해주지 못할 때가 많다.

결국 변호사를 살 충분한 돈이 없으면 법안으로 들어가지 못하고 변방에서 맴돌게 될 확률이 높다. 그것은 민주사회에서 엄청난 불평등이다. 황태일은 바로 이 점에 주목했다.

■ 정보와 기술의 접목, 검색 엔진

황태일이 구상한 법을 이해하는 또 다른 방법은 법이 어떻게 표시되었고 체계화되었고 예측 가능한지를 펼쳐 보여주는 것이었다. 엔지니어의 관점에서 보면 이것은 우선 검색엔진을 만들고 싶다는 의미다. 50개 주의 법률을 종합하는 검색엔진. 법을 만드는 사람들이 실제 무엇을 하는지 시민들이 이해할 수 있도록 변환,

분석론, 그리고 예측능력을 만드는 것이 다음 단계였다.

여기서부터 그는 개념을 '규제'로 확장했다. EPA, FDA, SCC, FAA, 보험, 농업 규제 기관, 의료서비스 규제 기관 등. 법이 통과되면 어떻게 시행될 것인가를 생각했다. 사회와 국가, 국제 시장에는 어떤 영향을 미치게 될 것인지 예측했다. 이 모든 것을 체계화하게 되면 법 자체에 대해 완전 다르게 생각하게 된다. 예를 들어 정부에서 진행하게 되는 법정 소송 사건으로 넓혀서 생각해 보면 이런 검색 엔진이 있다면 모든 법을 연관 지을 수 있게 된다.

제정법, 규제, 법정 소송 사건을 모두 연관 지어 그 정보를 체계화 시키는 것이다. 그러면 정부가 하는 일과 그것이 어떻게 조직에 영향을 주는지에 대해 조직을 통제할 수 있게 된다. 이것은 기본적으로 법에 대한 다른 사고방식이다. 수백만 달러를 지불하지 않아도 되고 매체에 접촉하기 위해 돈을 지불하지 않아도 된다. 언제든 당신이 원하는 법을 직접 접속할 수 있게 된다는 발상은 미국인의 오피니언 리더들을 흥분시키기에 충분했다.

■ 실시간으로 확인 가능

아마존에서 쇼핑을 하면 새로운 상품을 추천해주고 넷플렉스에서 영화를 보면 새로운 영화를 추천해준다. 같은 기술을 사용해서 피스컬노트도 이러한 서비스의 제공이 가능하다. 실시간으로 확인이 된다. 어플 자체도 많은 공간을 차지하지 않는다. 다만 들어있는 자료가 공간을 차지하는 것이다. 이 기술은 주식연습 어플과 굉장히 유사하다.

■피스컬노트의 플랫폼

일반적으로 포춘(Fortune) 500대 기업들은 소비자들의 돈을 두고 서로 싸운다. 하지만 이 기업들이 정부와 상호작용할 때는 협력한다. 왜냐하면 특정 산업은 특정 안건을 가지고 있고, 통과된 다른 제정법에 의해서 사업이 중단되지 않도록 확실하게 하기 위해서다. 그들은 로비스트나 변호사 등 외부 자료를 통해 이런 작업을 해왔다. 피스컬노트 기술은 자료를 체계화 시키는 것 뿐

피지컬노트 관련 기사

아니라 분석에 의해 정부와의 위험요소를 경감하여 행동하도록 플랫폼을 제공한다. 오프라인 사업이 인터넷 클라우드로 옮겨져서 각자의 자

리에서 행동을 취할 수 있게 되는 것이다. 그래서 기업들이 일반적으로 실무회의 때 사용한다. 그들이 정보에 쉽게 접근할 수 있는 공간에서 말이다. 그리고 내부적으로 준비해서 그들이 외부적으로 어떠한 행동을 취할지 준비한다.

■ 피스컬노트의 경쟁사

많은 정보 제공 업체들이 존재하지만 황태일은 NBC나 CNBC 등과 같은 방송사가 경쟁사들이라고 생각한다. 그들은 현재 제한적인 자원으로 인해 워싱턴 이상의 범위를 다루지는 못한다.

미디어는 리포터에 의해 방송 자료를 수집할 수 있게 되지만 빅데이터는 공간과 범위에 한계가 없다. 여기에 피스컬노트만의 경쟁력이 있다고 한다.

■ 법의 구글, 그러나 구글과 다른 점

한마디로 설명해서 그들이 만든 건 검색 엔진이었다. 인터넷에서 실시간으로 정보를 추출하기 위해 일종의 웹 크롤러(web crawler. 조직적, 자동화된 방법으로 월드 와이드 웹을 탐색하는 컴퓨터 프로그램)를 수백 개 만들었다. 그들은 기본적으로 법의 구글을 만들고자 했다. 하지만 구글과 차이점도 많다. 피스컬노트는 그들의 문화적 가치에 대해 회사 거울에 적어놓았다. '문화는 임무에 의해서 만들어진다.' 그들은 페이스북이나 구글과는 임무가 다르다고 말한다.

페이스북은 전 세계에 있는 사람들을 이어준다. 구글은 검색엔진으로 시작해 자가운전 자동차 분야를 포함한 다양한 분야로 범위를 넓혀갔다. 피스컬노트는 그들이 하는 일을 통해서 전 세계에 있는 정부가 더 활동적이고 접근 가능해지도록, 투명해지게 만들고 있다. 그들의 과학적인 자료와 수집한 자료를 통해서 말이다.

이러한 점이 피스컬노트의 장점이다. 정부에 영향을 줄 수 있다는 의미는 사회전체에 영향을 줄 수 있다는 뜻이다. 정부는 사람이 만든 가장 큰 기관이기 때문에 정부에 영향을 준다면 우리가 사는 세상, 거의 모든 분야에 영향을 주게 되는 것이다. 만약 우리가 이러한 영향을 더 좋게 만들 수 있다면 사회, 전 세계를 더 좋게 만들어 나갈 수 있게 되는 것이다.

■ 소통의 방식을 바꾸다

피스컬노트는 정부와 시민 그리고 비즈니스의 소통 방법을 완전히 바꿔 놓을 수 있다. 과거의 방식은 비효과적이고 불투명했다. 사람들은 정부에서 일어나는 일들을 이해할 수 없었고, 사실 무슨 일이 벌어지고 있는지 알 수도 없었다. 전문적이고 방대한

양의 정보가 공유되지 못했
고, 공유할 방법 또한 없었
기 때문이다. 피스컬노트는
이러한 틈을 좁히는 일을 하
고 있다. 그리고 모두가 필
요한 정보를 쉽게 가질 수

피스컬노트 직원들

있게 돕는다. 어떠한 정책이 펼쳐지고 있는지 보는 것 뿐 아니라
그 이면에는 무엇이 있는지 이해할 수 있도록 설명해준다. 공무원
들이 추진하는지 반대하는지 등의 해석과 판단까지 제공된다. 그
리고 결과에 대해서도 어느 정도 예측할 수 있도록 해준다. 피스
컬노트는 사람들이 법 체제와 정부에서 일어나는 일을 이해할 수
있도록 권한을 주는 도구이다.

■ 법률 프로그램으로서 피스컬노트의 장점

현재까지 개발돼 나온 일반적인 법률 프로그램과 피스컬노트를
비교해보면 피스컬노트의 장점이 무엇인지 확연하게 알 수 있다.

그 첫 번째로 피스컬노트는 다루는 영역이 훨씬 넓다. 연방정부
와 지방 정부 전부를 아우를 수 있다. 두 번째는 분석 기술이다.
트렌드까지 분석한다. 예를 들어 캘리포니아주에서 어떤 법안을

통과시키면, 메사추세츠주나 버지니아주에 어떤 영향을 끼치게 되는지 분석할 수 있게 된다.

또한 매우 구체적이다. 특정 제품이 법률을 통해 받게 되는 영향도 분석가능하다. 새로운 법안 통과 확률을 점치는 분석은 94% 정확하다는 전문가들의 진단도 있다.

통계적 분석의 역사는 과거로부터 지속적으로 발전되어 왔다. 1950~1960년대에는 사람들이 서로 계약을 할 때 악수를 통해 했다. 시장이 점점 발전함에 따라 새로운 시도가 나왔으며 시장의 미래를 예측하려는 시도도 처음에는 말도 안 된다는 이야기가 많았다. 하지만 현재는 다양한 도구를 통해 미래의 금융시장을 예측한다. 반면 법률 행정은 얘기가 다르다. 판사 한 명에 의해 판결이 결정되지만 그 판사가 내린 결정에 관한 과거 20년 동안의 내용이 포함돼있다고 보는 게 맞다.

국회의원의 입법 활동 또한 철저하게 기록으로 남아서 어떤 정치인이 어떤 의제에 어떻게 투표를 했는지에 대한 자료도 볼 수 있다. 그런데 이런 자료들을 종합적으로 정리해서 필요한 시점에, 필요한 내용을 꺼내볼 수 있는 시스템은 없다. 시장 경제와 마찬가지의 시스템을 정부 행정에도 도입해서 분석적 통계를 낸다면 미래를 예측 할 수 있는데도 말이다.

피스컬노트가 보유한 시스템은 단순히 어떤 결과가 나올지 뿐만 아니라 더 깊이 들어가 누가 어떤 투표를 할지까지 예측하게 된다. 만약 당신이 특정 법률에 관한 분석을 해야 한다면 로비스트에게 가서 분석을 통해 내린 결론으로 누가 어떻게 투표를 하게 될지 이야기 하게 될 것이다. 물론 그것이 100% 정확하다고 볼 수는 없지만 확률적으로 어떤 결과가 나올지에 대한 생각은 할 수 있게 될 것이다.

피스컬노트에서 개발한 두 번째 알고리즘은 특정 인물이 어떤 결정을 내릴지에 대한 예측도 가능하다. 특정 인물을 분석하는 것 뿐만 아니라 그 사람이 정치활동을 펼치는데 영향을 주는 단체까지 분석을 하기 때문이다. 그것은 바로 로비스트들이 하는 일이다. 피스컬노트가 개발된 후 로비스트를 고용하지 않고 피스컬노트를 사용하겠다고 하는 사람들이 점차 늘어가고 있다. 황태일이 회사를 처음 시작할 당시 자료를 수집하기 위해 기계가 아닌 사람이 직접 발로 뛰며 자료를 모아야 했다. 그것은 로비스트, 변호사 등이 하는 일이기도 했다. 이런 디지털 시대의 기술 수준을 놓고 봤을 때 그건 말도 안 되는 일이었다.

피스컬노트는 선거에 관한 것도 예측하는 것이 가능하다.

선거에 관한 예측 기술은 그들 말고도 여러 회사가 보유하고 있는데 당선 확률 예측이라기보다는 의제 중심으로, 정치적 성향과 신념에 따른 분석이 가능하다. 어떤 이들은 피스컬노트를 통해서 2028년에 당선될 대통령을 예측하기도 했는데 누가 가장 영향력이 있고 인기가 있는지에 대한 것을 수치로 나타내고 이를 계산했기에 가능한 것이었다. 그 인물들 중 누가 가장 영향력 있는 국회의원인가를 뽑았던 것이다.

누가 정치를 하느냐에 따라 그에 대한 예측성은 분명 존재하게 된다. 특정 인물에 대한 자료가 분명 존재하며 특정 사안에 관한 미국인들의 찬반은 매우 명확하게 나뉘기 때문이다. 만약 당신이 메사추세츠 주의 국회의원이라고 생각했을 때 당신은 텍사스나 알라바마에 있는 공화당 의원과는 매우 다른 성향과 결정을 하게 될 것이라고 예측할 수 있다. 이런 것들을 모두 고려하기에 다양한 특수 상황들까지 예측 가능해지는 것이다.

■ 피스컬노트의 경쟁력, 테크놀로지 혁신

피스컬노트와 같이 법적 소프트웨어, 법적 정보 서비스를 판매하는데 법률 업계에는 역사적으로 거의 300년, 400년간 변호사에게 교재나 정보를 파는 회사들이 존재해왔다. 그들과 피스컬노트의 정보 판매 방식은 근본적으로 다르다. 업계의 다른 모든 회사들은 출판업을 배경으로 하고 있다. 반면, 피스컬노트는 순전히 엔지니어링, 데이터 과학, 인공 지능 관점에서 생겨난 회사다. 그것은 제품 개발 방법과 업계에 대해 생각하는 방식에 지대한 영향을 미쳤다. 그들은 스스로를 법조계나 정보업계가 아니라 테크놀로지 업계에 있다고 생각하고 있다. 따라서 그들이 구축하는 문화, 그들이 만드는 과정의 유형, 제품 개발에서 그들이 갖고 있는 신속함과 탄성의 정도는 회사를 키우는 방식에 있어 근본적으로 다르다. 경쟁적으로, 더 광범위한 관점에서 봤을 때, 그러한 주요 테크놀로지 혁신뿐만 아니라 순수한 문화적 경영 혁신을 활용할 수 있는, 완전히 드넓은 기회가 존재하고 있다.

■ 글로벌 시장에서의 성공 가능성

미국 내에서 큰 인기를 얻고 있는 피스컬노트가 글로벌 시장에 나선다면 과연 세계 각국에서도 활용될 수 있을까.

피스컬노트의 활용범위를 국제적으로 넓혀나가기 위한 준비 중 하나는 사회 기반 시설에서의 기술 적용 가능성을 살펴보는 것이

뉴욕 거리 시민들

다. 그래서 투자를 지속적으로 받아야하며 세계 사회의 규모로 확장 가능하도록 만들어야한다. 예를 들어 핵심 투자부분인 자연언어처리는 기계 자동 번역에 있어서 필수요소다. 컴퓨터 공학에서 자동화 언어 번역은 실제 최첨단 분야다.

황태일은 피스컬노트에서 만드는 혁신이 넓은 범위의 영향을 줄 것이라고 확신하고 있다. 법률사회뿐 아니라 국제적으로 그리고 컴퓨터공학 분야까지도 말이다.

공동창업자 제럴드와 조나단

아이디어 구상을 끝내고, 본격 개발에 들어가기 전 황태일은 이 사업을 함께 진행할 동업자를 구했다. 나는 그때 왜 혼자서 하지 않았는가 물었다. 그의 동업자는 두 사람, 제럴드와 조나단이다. 사실 이 두 사람과는 아주 어릴 때부터 친구 사이다. 제럴드는 초등학교 6학년 때부터, 조
나단은 초등학교 4학년
때부터 친하게 지내며 성
장기를 함께 보낸 소위
'절친'이었다.

피스컬노트 공동창업자 제럴드 황태일 조나단

　가까운 친구를 사업파트너로 삼은 것이 언뜻 즉흥적이고 단순
해보였다. 혼자하기엔 좀 두렵고 어려워 보여 친구들을 끌어들
인 것일까. 그런데 황태일은 이 일을 제대로 잘하고 싶어 동업자
를 찾았다고 단호하게 대답했다. 세 사람은 허물없이 친하다. 그
건 쉽게 무너지지 않을 신뢰가 쌓여있다는 뜻도 된다. 동업의 경
우 안 좋게 끝나는 경우가 아주 많다. 하지만 황태일은 그 반대라
고 생각한다. 정직과 신뢰를 바탕으로 마치 결혼과도 같은 엄청난
유대가 형성돼 있는 친구와 함께라면 마음 놓고 구상하고 마음 놓
고 뛰어다닐 수 있겠다 싶었다.

　회사를 시작하면 모든 곳에 있을 수 없다. 사장의 존재가 드러
나지 않고, 혹 많은 시간 떨어져있다 하더라도 직원들을 신뢰하려
면 누군가 도와주는 손길이 필요한데 이 친구들은 그 역할을 맡기
기에 충분하다 여긴 것이다. 개인의 능력보다 더 중요한 것은 '나'

와 함께 일을 잘할 수 있는 사람이어야 한다는 것이었다. 그것이 동업자 1순위로 꼽는 조건이었다.

황태일이 피스컬노트를 제럴드와 조나단, 이 두 명의 친구와 시작하기로 결정했을 때 모든 이들이 그들을 미쳤다고 했다.

프린스턴과 하버드에 있는 많은 학생들이 졸업 후 금융, 컨설팅, 기술, 법조계로 진출해 자기 사업보다는 직원으로, 프리랜서로 일한다. 안정된 월급을 쉽게 포기할 수 없기 때문이다. 많은 이들이 위험을 감수하기 두려워한다. 하지만 세 사람은 기꺼이 위험을 감수하기로 했다.

실리콘밸리 모텔6의 기적

2013년 세 명의 젊은이들은 작은 가방을 싸서 샌프란시스코로 달려갔다. 그들은 모두 스물 한 살이었다. 이들은 이미 피스컬노트를 시작할 결심을 한 상태였다. 그런데 뉴욕에서 공부하던 이들은 왜 샌프란시스코로 갔을까. 그건 실리콘밸리 때문이었다. 21살의 젊은이들이 기술회사나 소프트웨어회사를 시작할 생각을 할 때 떠올릴 수 있는 곳, 실리콘밸리. 그들은 있는 돈을 모두 모아 실리콘밸리로 향했다. 그리고 작은 거처를 정했다. 그곳은 '모텔6'. 아주 허름한 여관이었다. 여기서 그들은 상품을 개발하고, 회사 설립을 추진했다.

실리콘밸리 모텔6

그건 마법 같은 일이 아니었다. 5명 남자들이 모텔6의 작은 방에서 3개월 동안 지냈다. 코딩하고 전화하는 등 다양한 일을 그곳에서 했다. 황태일과 다른 설립자는 몇 주 동안 하루 종일 수많은 소프트웨어 벤처 회사에 전화를 돌렸다. 질문지를 준비해두고 물었다. 질문은 계속해서 바꿔가며 진행했다. 실리콘밸리에 있는 기술회사이고 법적 정책 문제를 해결하고자 하는 유일한 회사라고 소개를 한 뒤 다른 소비자들이 이러한 문제를 겪고 있다고 들었는데 당신들도 이런 문제를 직면하고 있는가, 이 문제를 겪고 있는가, 이러한 방안이 문제를 해결해 줄 것 같은가 하는 질문들을 했다. 그런 다음 현재 해결 방법이 무엇인가에 대해 묻고 그들의 해결책을 들었다. 회사의 설립과정부터, 설립된 뒤 예측 가능한 여러 문제들을 감지하고, 구체적인 대처 방안, 예방법까지 세워두기 위한 전략이었다.

그런데 이들은 그저 회사 설립에 관한 정보가 목적이 아니었다. 회사의 설립과 운영에 관한 질문을 하는 중에 법률 자문과 법률적 대처방안에 대한 질문을 병행했다. 1주일에 60~70명에 달하는 기존 회사 관계자들과 통화하며 마지막 질문은 핸드폰이나 컴퓨터로 법률 정보를 검색하고 추적하고 모니터링 할 수 있는 상품이 있다면 그 상품을 구입하겠느냐는 질문을 던졌다.

그러면 대부분 '예스'라는 답이 나왔다. 이 젊은이들은 아직 제대로 된 상품을 만들기도 전에 고객을 확보하고, 시장을 만들어나간 것이다.

그들의 설명을 들은 이들은 제품을 구입하고 싶다는 의사를 밝혔지만 문제는 상품이 없는 상태였다는 것이었다. 고객이 많았기 때문에 그들은 우선 베타버전을 개발했다. 고객들에게 무료로 플랫폼을 제공하고, 차근차근 그러나 최대한 빠르게 계속 업데이트를 해나갔다. 만일 당시로 다시 돌아가더라도 황태일은 똑같은 방법을 선택할 것이라고 한다. 그들은 21살 이었고 무엇을 해야 하는지 잘 몰랐기 때문에 현실적으로 밖으로 나가서 고객을 만나 이야기를 하고 문제를 해결해야 했다.

이 방법은 현재 피스컬노트에서 새로운 상품을 개발하는데도 사용하고 있다. 모든 상품발견 과정은 실제 고객과 대화하는 것으로 시작한다. 그리고 그들이 직면한 문제, 공통점을 뽑아내려고 노력한다.

제품 개발

제품 개발 면에서도 그들은 회사의 적절한 엔지니어링 과정을 구축하기 위해 엄청나게 많은 시간을 할애했다. 아이디어, 사람들에서부터 시장 전략, 디자인, 엔지니어링 실행, 테스트, 시장 개발, 마케팅, 판매에 이르기까지 들어가는 노력을 생각해 보면, 그 과정 전체를 구축하는 데는 엄청나게 많은 시간이 든다.

처음 3개월 동안 만든 소프트웨어는 피스컬노트 예견 베타 버전이었다. 실리콘밸리 인큐베이터에서 25,000달러정도를 가지고 일했다. 황태일, 제럴드, 조

모텔6 앞에서

나단 세 사람과 몇 명의 엔지니어들과 주말을 포함해서 매일 12시간씩 일했다. 베타 버전의 첫 번째 목표는 미국의 50개 주의 연방 정부로부터 제정법을 모아서 하나의 완벽한 플랫폼을 만드는 것이었다. 누구든 사용할 수 있도록 말이다.

분석적인 면도 포함시켰다. 제정법이 통과할 확률을 예측하는 것은 그들이 처음 시도한 거였다. 94%정도의 정확성을 가진 베타 버전은 결국 완성됐다. 피스컬노트가 3개월 만에 성공할 수 있었던 중요한 이유 중 하나는 그들이 장소를 실리콘밸리로 정했다는 점이었다. 무슨 일을 하든 환경은 중요한 법. 실리콘밸리의 전문가들은 이미 수많은 신생기업을 만난 경험이 있었다. 따라서 그들은 아이디어 하나가 세상을 바꿔낸다는 것을 잘 알고 있었다. 이들은 굉장한 기대감으로 이 젊은이들을 맞아주었고 함께 머리를 맞대고 고민하고 일했다. 황태일은 그곳의 인큐베이터와 사람들에게 많은 것들을 배울 수 있었다.

경험과 능력을 갖춘 이들을 하루 12시간씩 일하도록 이끈 배경에는 황태일과 친구들의 열정을 꼽지 않을 수 없다. 사람들은 목표나 과제보다 같이 일하는 사람에게 감동받고, 사람 때문에 일하는 경우가 훨씬 많다. 피스컬노트의 첫 작업에 참여한 이들이 그랬다. 만약 그들이 하루 8시간씩 주 5일 일했다면 3개월 내에 해내기 어려웠을 것이다. 황태일의 열정과 멈출 것 같지 않은 추진력이 아니었다면 그러한 좋은 상품이 3개월 내로 만들어지지 못했을 것이다.

피스컬노트 베타 버전이 처음 발표했을 때 사람들의 관심은 대단했다. 그래서 마크 큐반, 제리양, 애니예 그리고 First Round Capital로부터 Dorm room Fund를 포함해 130만 달러의 투자금을 받았을 수 있었다. 모두가 함께 노력한 결과였다.

그 후 워싱턴DC로 갔다. 그 곳은 정부의 모든 정보가 열려있는 최적의 장소였다.

투자자를 잡아라

시장도 만들어졌고, 그 시장에 내놓을 기본 시제품도 만들어졌다. 그렇다면 이제 본격적으로 회사를 가동해야 한다. 이 때 필요한 것은 '투자'. 세 젊은이, 특히 황태일은 이 지점에서 난생처럼 겪는 혹독한 훈련 과정을 거치게 된다.

열심히 투자자를 찾아 나섰다. 실리콘벨리 인큐베이터에 있는 투자자들과 많은 이야기를 나누었다. 초반에는 많은 사람들이 그들의 아이디어를 이해하지 못했다. 3개월 동안 초반엔 투자를 받기 위해 열심히 노력했다. 마크 큐반에게 상품 판매 권유 이메일을 보내 그들의 아이디어와 기술 그리고 실질적인 언어 과정에 대해서 설명했다. 여러 번의 이메일을 주고받았다. 그래서 투자금의 일부를 처음 받게 되었다. 그 후 3명으로부터 투자금을 받아서 130만 달러의 총 투자금을 받기에 이른다.

직원들과 황태일

회사를 만드는데 있어서 가장 어려웠던 점은 투자자와의 관계였다. 피스컬노트가 막 설립했을 때, 그러니까 직원이 15~20명 정도로 운영되고 있었을 때였다. 처음으로 기관 벤처자금을 모으려고 했었는데 당시 목표는 대략 7백만 달러. 피스컬노트는 실제로 많은 관심을 받고 있었고, 관심 있어 하는 투자자가 많았기 때문에 큰 걱정이 없었다.

황태일이 기억하는 가장 가슴 아팠을 때는 2차 투자 자본을 모으고 있었을 때 일이다. 수십억의 투자금을 서명하기로 한 하루

전날에 투자자들이 떠났다. 의견이 갈렸던 것이다. 회사가 어디를 향해 가야할지에 대한 비전이 달랐다. 투자자들은 행동으로 회사를 더 많이 지배하고 싶어 했다. 그것이 황태일에게는 불편한 부분이었다.

그 당시 황태일에게는 불과 6주일 버틸 자금밖에 없었다. 그것도 직원들 월급만 계산한 돈이었다. 실리콘밸리로 돌아가 짧은 기간 내에 어떻게든 투자를 받아야만 했다. 그는 매우 좌절했고 거의 신경쇠약에 걸릴 뻔 했었다. 모든 직원들을 회사 부엌 같은 작은방으로 불러서 나쁜 소식을 전했다. 그러자 모든 직원들이 2달 동안의 월급을 포기했다. 그리고 그가 샌프란시스코로 날아가 투자금을 마련 할 수 있도록 시간을 주었던 것이다. 황태일은 지금도 당시 샌프란시스코 공항 주차장에서 엉엉 울었던 때를 기억한다. 그는 그때 완전히 무너져 내렸다. 상황에 대한 걱정, 심각함, 그리고 이대로 주저앉아야 하나 하는 생각에 엄청난 스트레스가 몰려왔다. 그동안 쏟아 부었던 모든 시간과 돈과 노력이 죽음과 실패와 모욕의 형태로 자신에게 돌아오는 것만 같았다. 사업에 대한 실패보다는 충분히 가능성 있는 그것을 살려내지 못할 수도 있다는 안타까움과 아쉬움이 더 컸다.

공항 주차장에서 렌터카에 앉아 엉엉 우는 젊은이.

그때 황태일의 나이 고작 스물 한 살이었다. 그렇게 힘든 시간을 견디며 그는 빠르게 성장했다.

마크 큐반의 투자를 따낸 배경

마크 큐반에게는 권유 이메일을 보낸 것이 인연의 실마리가 되었다. 그가 피스컬노트에 흥미를 보였고 그걸 보고 제리양과 다른 큰 VC 회사들도 피스컬노트에 투자를 결정했다. 한마디로 그가 물꼬를 터준 것이다.

황태일이 마크 큐반에게 투자 권유 이메일을 보냈을 때엔 제법 훌륭한 팀이 구성되어 있었다. 나사, 스프린트 등에서 일한 적이 있는 사람들이 황태일과 피스컬노트의 미래에 긍정적 사인을 보내며 합류했다. 그리고 그들이 시도한 것은 어려운 기술을 접목하는 것이었다. 기존 서치엔진에 단순히 웹 어플을 만들자는 게 아니라 자연언어를 만들고 예측하는 알고리즘을 만들어야 했다. 법안이 통과할지 말지에 대한 높은 수준의 예측 가능한 알고리즘 말이다.

기술 분야의 한계를 밀어붙인다는 의미에서 마크 큐반이 흥미로워했던 점은 첫째 잘 짜인 인적 구성, 즉 황태일의 팀이었고, 두 번째는 그들이 해결하고자 하는 문제와 해결하고자 하는 방식이었다.

단순히 컨설팅회사를 만든다는 게 아니었다. 그들은 실제로 많은 사람들이 보지 못한 아주 오래된 문제를 해결하기 위한 기술 분야의 한계를 밀어 붙이는 거였다. 근본적으로 이러한 점이 마크 큐반의 흥미를 이끌어 낼 수 있었다. 마크 큐반의 이메일 주소는 구글에서 검색해서 알아냈다. 황태일이 권유 이메일을 보냈을 때 그는 40분 이내에 답장을 해서 놀라움을 주었다. 5줄 정도의 짧은 이메일이었다.

당시의 일화가 하나 있다.

황태일은 시카고에서 투자자들에게 투자 권유를 하고 있었고 동업자 친구 두 명은 실리콘밸리에 있었다. 친구들은 저녁을 먹고 영화를 보러 가려고 하던 참이었다. 바로 그 때 마크 큐반에게 답장이 온 것이다. 이메일을 통해 흥미로운 얘기니 자료를 더 보내 달라는 의사를 보내 온 것이었다. 그때가 금요일 저녁. 영화관에 들어가려고 줄 서 있던 친구들에게 황태일은 거침없이 말했다.

"영화관에서 나와. 너희가 무엇을 먹고 있든지 상관없어. 회사로 돌아가서 이 홍보를 끝내."

친구들은 결국 주말동안 그 일을 끝냈다.

열정은 가슴에만 있는 게 아니었다. 말 한마디, 행동 하나로도 충분히 드러난다. 열정이 있다면 시간을 놓치는 오류를 범해서는 안 된다.

위기 뒤에 찾아온 기회, 작은 성공 확률이라도 전진하라

2차 투자금을 받는 데 실패했을 때 황태일은 샌프란시스코 공항 주차장에서 아버지에게 전화를 했다. 구체적인 애기를 하진 않았지만 어쩌면 이 사업이 실패로 끝날 수도 있음을 내비쳤다. 물론 아주 절망적인 모습까지 보여준 것은 아니다. 회사가 실패해도 여러 가지 다양한 옵션이 있으며 이 후에도 충분히 잘 살 수 있는 길이 열려있다고 안심시켜

인터뷰 중인 황태일

드렸다. 그렇게 전화를 하고 나자 그는 뭔가 새로운 기분이 들었다고 말했다.

사람들은 흔히 성공이냐 실패냐 두 가지만을 고민하는데, 정작 조심해야 할 것은 '포기'다. 포기는 스스로 모든 것을 접는 것이기에 가장 비겁하고 가장 나약한 모습이다. 황태일은 더 큰 실패를 막기 위해 '포기'라는 카드를 써야 하나 잠시 고민했었다. 그러나 부모님의 위로와 대화 속에서 안개가 걷히듯 분명하게 보이기 시작하는 것들이 있었다. 그가 가진 피스컬노트라는 아이디어는 결코 포기해선 안 되는 중요한 과제였다. 아주 뛰어난 사업 아이템이라는 확신이 든 것이다.

이 경험 이후 그는 포기라는 생각 자체를 하지 않았다고 한다. 포기라는 것은 불가능했다. 예를 들어 손에 쥐고 있는 경우의 수, 즉 성공하기 위한 카드가 15가지가 있다고 한다면 그중에 실패는 들어있지 않다고 생각했다. 아예 선택사항이 아니라고 생각한 것이다. 그는 오로지 하나의 목표만 바라보았다.

'우리는 실패하지 않을 거야, 그럼 우리는 어떻게 성공하지?'. 그런 생각들이 그가 계속 나아가도록 해주었다. 이제 그는 대안책을 마련하기 위해 열심히 머리를 쥐어짜야만 했다. 어떤 선택을 해야 할지, 어떻게 리스크 매니지먼트를 해야 할지에 대한 강구를 했었다. 당시 아무리 계산해 봐도 그의 성공확률은 10%. 그 작은 성공 확률을 부여잡고 황태일은 계속 전진해 나갔다.

회사를 운영할 때 겪게 되는 어려움은 한두 가지가 아니다. 매일 어려운 일이 생긴다. 투자유치가 취소된다든가 중요한 회사 운영진이 회사를 나간다든가 등의 일은 정말 대처하기 힘든 어려움이다. 하지만 회사를 창업하고 CEO로서 일하다보면 희로애락이 매우 드라마틱하게 찾아오는 것을 느끼게 된다. 어떤 날은 큰 투자유치를 얻어내고, 새로운 고객을 받기도 하지만 바로 그 기쁜 날에 성실했던 직원이 퇴사하기도 한다.

아주 큰 고객이 회사 재정난에 빠졌다는 사실을 알게 되기도 하고 여러 자금난을 겪을 것이라는 소식을 접하기도 한다. 그래서 그는 항상 제 자신만의 경영 스타일을 찾으려고 노력했다. 어려운 일들이 그를 감정적으로 흔들지 못하도록 노력하는 것이다. 좋은 일이 있을 때는 '그래 잘 했어. 이제 우리가 다음에 해야 할 일이 뭐야?'라고 말하고, 어려운 일이 생겼을 때는 '그래 우리 실패 했어. 이제 뭘 하면 되지?'라고 자문하는 것이다. 그는 이런 식으로 지속적으로 전진하며 회사를 이끌어 왔다.

신뢰받는 사장님

그에게 당시 직원들이 그를 신뢰할 수 있었던 이유에 대해 물었다. 그 역시 직원들에게 같은 질문을 하곤 한단다. 3년 전 투자가 막혀 고생하던 그 때 이후로 지금까지 피스컬노트를 떠난 직원은 없었다. 지금까지 모두가 일하고 있는 것이다. 어떻게 이런 일이 가능할까 싶어 직원들을 만나보니 한결같이 황태일에 대한 믿음을 갖고 있었다. 이에 대한 황태일의 대답은 굉장히 인상적이었다. 그는 피스컬노트를 꾸려오면서 사람들이 현재보다 더 나은 것을 매우 성취하고 싶어 한다는 것을 깨달았다. 사람들은 인생을 살아가면서 때로는 회사원으로서 대기업에 들어가 안정적으로 월급을 받으며 일하고 싶다고 말하지만 때로는 어떤 영감을 기대하기도 한다. 그들의 삶에서 큰 변화를 만들고 싶어 하는 경향이 있다는 것이다.

기술 분야의 스타트업에 초기에 함께한 사람들은 자신의 역할과 임무를 이해하고, 찾아온 기회와 동료를 믿게 된다. 우리는 살면서 때로 거대한 무언가를 함께 이루고 싶은 사람들을 만나곤 한다. 그리고 이런 기회는 자주 주어지는 것이 아니기에 기회가 찾아왔을 때 과감하게 선택해야만 한다.

피스컬노트 직원들과

어떤 사람들은 이러한 것을 이루기 위해 모험을 마다하지 않는다. CEO는 바로 이런 꿈꾸는 사람들을 주목해야 된다고 그는 말한다. 투자에 실패했을 때 회사는 거의 파산에 가까웠다. 직원들을 불러서 회의를 하면서 그는 솔직하게 상황을 설명했고 투자금을 받을 자신이 있다고 말했다. 자신을 믿어달라고 말이다. 당시 모든 직원들은 그를 믿고 임금인하를 선택했고 2달 동안 무급으로 일했다. 그로 인해 회사는 3개월 간 유지될 수 있었고 투자를 받을 수 있었다.

그 점에 있어 황태일은 지금까지도 직원들에게 매우 감사하게 생각하고 있다. 직원들이 믿음에 보답하기 위해서 그는 실리콘벨리를 돌아다니며 무슨 일이 있어도 투자를 받기위해 노력했었다. 꽤 어려운 상황이었지만 그는 극복해 냈다.

2달 후 7백만 달러를 투자 받았고 그 후로부터 2달 후에 천만 달러를 투자받게 되었다. 직원들은 사장을 믿었고, 사장은 직원에게 의지해 맡은 과제를 해결해낸 것이다. 황태일이 많은 기업가들에게 말하는 것이 있다. CEO로서 심각한 어려움에 처해있을 때 99.9%의 사람들이 이 단계에서 포기해 버린다. 돈은 없고 뭐할지 모르겠는 상황을 여유롭게 벗어날 수 있는 사람은 별로 없다. 하지만 그런 상황이 되더라도 "여기까지 왔지만 포기 할 거야." 라고 말하는 대신 밖으로 나와 "무슨 일이 있어도 우리는 해낼 거야" 라고 말해야 한다고 그는 말한다. 또한 이러한 신념을 주변에 있는 사람들에게 설득할 줄 알아야 한다.

그것이 훌륭한 기업인의 첫걸음이다.

판매와 마케팅은 정공법으로

황태일이 캘리포니아에서 피스컬노트를 시작할 당시만 해도 첨단 기술을 연구하고 다루는 사람들의 머릿속에 정부와 정부의 정책에 대한 관심은 없었다. 스냅챗이나 페이스북과 같은 소셜 미디어에 비해서 말이다. 그들의 기술은 정부를 향해 있지 않았다. 문제가 발생하고 그것을 해결하려는 과정에서 많은 사람들이 그들이 무엇을 해결하고자 하는지 이해하지 못했다. 왜냐하면 스스로, 제 손으로 직접 문제 해결을 위해 뛰어다녀본 경험이 부족했기 때문이다.

피스컬노트를 판매하려면 사람들에게 법과 정부의 정책이 중요하다는 사실을 인지시킬 필요가 있었다. 그래서 단순히 판매하는 데 집중하지 않았다. 법에 대한 시각을 넓히기 위해 다양한 교육 방법을 동원했다. 교육은 회사에 있는 모든 사람들이 했고 지금도 하고 있다. 정부의 정보가 사람들에게 어떠한 영향을 주는지에 대해서 알려주고 있다. 모든 투자자들이 알고 있지는 않더라도 피스컬노트를 사용하는 세계에 많은 회사들이 입법부나 정부가 규제를 통해서 어떤 영향을 주는지 알고 있다. 그것이 일하는 데 도움을 주는 지 아니면 피해를 주는 지 따져보고 이해하는 과정을 피스컬노트는 함께 진행하고 있다.

고객이 느끼는 고통을 알아야 그 해결방법도 찾을 수 있는 법이다.

피스컬노트가 진행하는 시장교육도 그 일부분이다. 왜냐하면 법조계는 일반적으로 가장 마지막에 변화하는 보수적이고 폐쇄적인 산업이기 때문이다. 가치 있는 일을 변호사나 로비스트에게만 제공해서 도와줄 수 있도록 하는 것이 아니라 모든 사람들이 이러한 정보에 접근할 수 있도록 문을 열어주고 분석론을 저렴한 가격에 볼 수 있는 소프트웨어를 제공하고 싶다는 것이 그들의 포부. 이를 더 많은 고객들이 알 수 있도록 적극적으로 알려야 했다. 그러자 이번에는 일반 회사가 아닌 변호사나 로비스트도 피스컬노트의 고객으로 다가왔다. 이 검색 엔진을 활용함으로써 그들은 현재 하고 있는 일을 더 잘할 수 있다는 사실을 깨닫게 된 것이다.

정말 필요한 도움을 주는 상품. 그러니 그 상품을 사용하는데 얼마의 비용을 지불하건 충분히 즐거운 일이라는 인식을 심어주는 게 피스컬노트 마케팅의 핵심이다. 상품을 파는 사람도 그걸 사는 사람도 이쯤 되면 행복한 거래가 될 것이다.

성공에 이르다

그는 결국 해냈다. 투자금을 받은 이후로 2번이나 더 많이 받았다.

지난 2년간 피스컬노트는 마크 큐반과 제리양, 스티브 케이스 등의 세계에서 큰 벤처자금 회사와 파트너가 되었다. 2천만 달러 이상의 투자를 받았고 수백 명의 세계

CNN TOP10 Startups에
선정된 피스컬노트

최고의 직원을 고용했다. 그리고 세계 최고의 기술회사와 계약을 맺고 있다. 2016년엔 400% 성장이 목표다. 야후를 만든 제리양을 소개 받았을 때 황태일은 그가 누군지 몰랐다고 한다.

야후가 94년도에 만들어졌는데 그 때 황태일의 나이가 고작 2살. 그것은 마치 실리콘밸리에서의 세대교체를 보여주는 것 같았다. 자신이 태어나기 전에 사용했던 것들에 대해 황태일이 잘 몰랐기 때문이다.

마크 큐반이 먼저 투자를 했고 그 다음은 제리양이었다.

자신의 회사를 믿고 투자해주었다는 점에 있어 황태일은 그들에게 감사하게 생각하고 있다. 스타트업 설립자로서 황태일이 가장 많이 받는 질문은 그렇게 어린 나이에 어떻게 해냈느냐하는 것이었다. 그가 20대 초반이라고 해서 CEO로서 직면하는 과제가 쉬운 것은 아니었다. 사업 초반 그들은 계속 거절을 당했고 지원자, 투자자, 조언자, 은행 그리고 고객 때문에 힘겹게 나아가야만 했다.

밑바닥에서부터 회사를 만들 수 있는 능력에 대한 그들 스스로의 의심도 이겨내야 할 것 중에 하나였다. 그가 지금까지 살면서 배운 한 가지는 '만약 한쪽 문이 닫히면 다른 쪽 문을 열어라. 만약 모든 문이 닫히면 너만의 문을 만들어서 걸어 나가라. 무슨 일이 있어도.'였다.

○ 인터뷰: 공동창업자 제럴드

피스컬노트 공동창립자. 물론 그 말은 맞다. 하지만 그것보다 내가 더 좋아하는 것은 황태일의 친구라는 것이다. 어릴 적 황태일을 만나 그와 친구와 된 뒤로 나의 인생도 크게 달라졌다.

제럴드 랴호 (피스컬노트 수석 부사장)

우리가 중학교 시절 만든 회사 오퍼레이션 플라이의 경우도 그랬다.

황태일이 회사를 함께 만들어보자고 제안했고 나는 그저 재밌겠다 싶어 따라 나선 것뿐이다. 늘 생각하지만 황태일은 무(無)에서 거대한 무언가를 창조하는 친구다. 미국의 중, 고등학교에서는 학교를 졸업하기 위해서 일정 시간의 봉사활동을 해야 한다. 모든 학생들이 지역봉사를 하게 되는 좋은 제도 중에 하나이다. 그런데 황태일과 나는 정해진 시간보다 훨씬 많은 시간 봉사활동을 했다. 지금 생각해보면 어린 아이들의 행동이었지만 참 대단하다 싶은데, 황태일은 뭔가 움직이기 시작할 때 혼자 하기 보다는 가까이에 있는 친구들과 같이 하기를 원한다는 점에서 대단한 리더십의 소유자라고 생각한다.

우리가 만든 오퍼레이션 플라이의 가장 핵심적인 활동도 그랬다. 우리는 존재하는 것만으로도 다른 학생들에게 영감을 주었다. 다른 학생들이 "어떻게 하면 나도 황태일처럼 될 수 있을까?" 혹은 부모님들이 "너는 어떻게 하면 황태일처럼 될 수 있을까?" 했었다. 다른 친구들은 잘 모르지만 우리는 대학교 1학년 여름방학 때 '무쵸'라는 소프트웨어 회사를 만들기도 했다. 스타트업이었는데 소셜 네트워크를 통해서 공동 관심사를 가지고 있는 사람들을 모으는 것이었다.

예를 들어, 음식점에 관심이 있다면 가맹된 음식점 쿠폰을 가지고 이용을 해보는 것이다. 소비자에게는 음식점 할인 쿠폰을 주고, 음식점에는 홍보효과를 주는 그런 네트워킹을 구상한 것이다. 이게 대학생이 된 후 첫 번째 프로젝트였다. 결국 다시 학교로 돌아갔지만 우리는 이 때 창업이라는 중요한 경험을 구체화시킬 수 있었다. 처음 황태일로부터 피스컬노트에 관한 얘기를 들었을 때 난 잠시의 망설임도 없이 최고라고 말했다. 그것은 황태일과 함께 지난 몇 년 간 여러 아이디어를 냈던 것들의 복합체였다. 나는 즉시 합류를 결정했다.

그 뒤로 온갖 다양한 일을 해야 했다. 나는 재무를 담당했다. 경제 분야, 영업 분야, 전화영업도 했고, 우리가 함께 일할 상대가 누군지에 대한 조사도 했다. 금융과 회계, 그리고 직원 채용 인터뷰까지. 그리고 핵심적으로 나는 3개월 내에 사람들에게 어떻게 상품을 알릴 수 있을지 많은 고민을 했다. 그리고 상품이 어떤 형태여야할지에 대해서도 고민할 수밖에 없었다.

결국, 나는 피스컬노트의 전략 최고 책임자를 맡게 되었다.

우리가 현재의 성공에 이를 수 있었던 것은 아주 훌륭한 사람들이 함께 했기에 가능했다고 생각한다. 22살짜리 젊은이 3명이 세운 회사에 무슨 비전과 가능성이 있다고 엄청난 실무 경력자들이 이렇게 모여 드는가 놀라워하던 때가 불과 작년의 일이다. 우리는 곰곰이 그 이유를 따져보기도 했는데, 사람들이 정말 원하는 것은 스스로 일하는 즐거움이구나 싶다.

회사에서의 임무가 얼마나 자극을 주는지에 따라 직원들의 열정도 죽거나 살아난다. 지금도 그렇지만 직원들은 변화와 성장의 가능성을 보고 이 회사를 선택했다고 말한다. 황태일과 나는 정말 그들에게 감사했다. 물론 지금도 감사하고 있다. 임무에 의욕적인 훌륭한 사람들과 함께 일한다는 것은 가슴 벅찬, 감격적인 일이다.

앞으로 나는 황태일과 함께 피스컬노트식 새로운 문화를 만들어갈 것이다. 페이스북이나 구글의 문화를 따라하는 것이 아닌 우리만의 새로운 문화. 곧 피스컬노트 문화. 앞으로 많은 이들이 주목하고 따라하게 될 문화를 만들 것이다. 또한 전략 최고 책임자로서 피스컬노트가 세계적으로 어떠한 영향을 줄 수 있는 지에 대해서도 장기적으로 생각한다. 미국 뿐 아니라 한국, 아시아, EU, 남미, 호주, 아프리카 등 모든 국가는 정부가 있으니까 말이다.

ㅇ 인터뷰: 실리콘밸리의 IT 기술개발자 케빈 스타비크(야후(제리양) 벤쳐 투자회사)

나는 황태일과 피스컬노트를 사랑한다. 그 이유는 빅데이터와 독특한 데이터세트와 수직적 산업의 놀라운 교차점을 다루기 때문이다. 설립자가 수직적 산업을 정
말로 이해하는 사람이라는 점과 기
술을 어떻게 접목해야 할지를 알고,
데이터 기반 내용을 안다는 점에서
피스컬노트를 높이 평가한다. 경제
에 대한 그들의 가설은 모두 데이터

케빈 스타비크(야후(제리양) 벤쳐 투자회사)

기반 회사들이다. 독특한 데이터 세트에 영향을 주고 그들의 장점
과 특정한 공간에 접목할 수 있는 회사들 말이다. 그리고 그것이
정확히 황태일이 하고 있는 일이다.

　황태일은 정부, 입법, 로비와 관련된 일들을 경험과 그가 가지
고 있는 놀라운 기술적인 능력과 비전으로 그 공간을 변혁을 일으
키고 혼란시키기 위해 기술과 상품을 접목했다. 이 점이 매우 흥
미롭다. 다른 공간에서 이런 비슷한 일들을 하고 있는 회사들이
있지만 의료, 법 등과 관련된 산업은 없었다. 그들은 일반적으로
실리콘밸리 밖에 있는 회사에 투자하지 않는다. 하지만 3년 전 처
음 팀을 만났을 때 그들의 인상이 매우 강렬했기 때문에 우리는
도박을 걸 수밖에 없었다. 그 때의 선택에 대해 굉장히 기쁘게 생
각한다.

나는 황태일과 그의 팀원을 정말 좋아한다. 교차점을 만들었기 때문이다. 데이터와 기술을 교차시켰고, 수직적 산업에 특정 지식을 교차시켰다. 기술 전공의 설립자와 산업을 잘 이해하는 설립자가 만나 해당 산업의 기술과 비전을 어떻게 혼합할 것인지를 잘 알고 있다. 그 부분이 매우 강렬하고 독특하게 다가왔다. 황태일과 피스컬노트 직원들은 그 공간에서 그것을 할 수 있는 능력을 가진 유일한 존재였다.

그래서 지난 3년 간 그들의 진전을 잘 지켜봐 왔고 그의 가설이 분명히 실행되어 매우 자랑스럽다. 미래에는 이처럼 데이터에 독특한 가치를 만들어내는 회사가 이익을 보게 될 것이다. 기업 세팅 측면에서 황태일은 완벽했다.

05
최 선 을 선 택 할 용 기 가 있 는 자

CEo

포브스지 30세 이하 젊은 지도자에 선정된 황태일

청년들의 회사, 피스컬노트엔 사장실이 없다

검색 엔진 '피스컬노트'를 개발, 판매하는 벤처기업 피스컬노트. 2016년 회사 설립 3년째를 맞고 있는 피스컬노트는 워싱턴 D.C.에 본사를 두고 뉴욕에 지사가 하나 있다. 사무실에 들어섰을 때 가장 놀라웠던 것은 사장실이 없다는 점이었다. 사장인 황태일과 함께 사무실을 방문했는데, 그는 잠시 주위를 둘러보더니 비어있는 가까운 책상 한편에 짐을 풀었다. 따로 자리가 정해져 있지 않고 그날그날 출근하는 대로 앉고 싶은 자리를 정하는 게 피스컬노트의 방식이었다.

오전 9시가 되기 전이었는데도 대부분의 직원들이 출근을 마친 상태였기에 사무실에는 빈자리가 거의 없었다. 사람들이 오고 가는 복도 쪽, 작은 자리에 앉게 됐지만 황태일은 전혀 상관없는 눈치였다. 피스컬노트는 처음부터 회사에 관한 나의 모든 상식을 뒤집고 있었다. 피스컬노트는 평등한 구조다. CEO 혹은 수석 부사장(SVP of Revenue)도 오늘 일을 시작한 새 직원 옆에 앉아 일을 하게 되니 계급 구조가 구조적으로 없다.

워싱턴 D.C. 지사나 뉴욕 지사 모두 넓은 책상에 모니터와 컴퓨터가 놓여있다. 그들 대부분은 너무 바빠서 지정된 자리도 없다. 그냥 빈자리에 가서 일을 한다. 바닥에 앉아서 일하는 것을 포함해서 말이다. 공동 작업을 계속하면서 노트북만 있으면 되니까 업무상 불편한 점은 없다. 회사를 성장하게 하는데 필요한 것은 그런 것이 전부다. 일의 기능과 분명한 역할만이 존재한다. 그들의 대화속의 관심사는 단 두 가지.

하나는 회사 문화에 관한 것이고 다른 한 가지는 맡은 업무, 역할은 무엇이며, 어떻게 정의되고, 성공의 기반은 무엇이냐는 것이다. 그들은 모두가 분명한 목표를 갖고 있다. 그리고 어떻게 목표를 이룰 것인지 객관적으로 이해하고 그 목표를 이루기 위해 함께 노력하고 있다.

물론, 목표를 수행하기 위해 규율에 따른다. 하지만 지속적으로 직무 해설서를 확장하고 보다 높은 목표를 이루기 위해서 각자의 규율과 목표 설정은 변경되고 새로 추가되기도 한다.

피스컬노트에서 상하 관계란 후임의 잠재력을 발휘할 수 있도록 선임이 후임과 일을 할 때뿐 뿐이다. 피스컬노트에선 모든 성취가 개인의 이름으로 계산되기 때문이다. 즉 팀 단위나, 매니저의 역할을 굳이 따지지 않는다. 잘한 것도 잘못한 것도 오로지 개인의 몫이다. 따라서 이곳의 분위기는 아주 자유분방하고, 정열적이고, 직선적이다. 그리고 자율적이다. 황태일은 아주 능력 있는 개개인을 고용하고 그들에게 성취할 수 있도록 도구와 로드맵을 주어 목표를 이룰 수 있게 만든 것이다.

황태일이 처음 친구들과 피스컬노트를 개발할 때부터 지금까지 가장 고민해온 것은 회사 문화를 만드는 일이다. 그들은 자신의 회사를 평평한 단체라고 부른다. 피스컬노트는 모든 직원은 사장이나 부사장이나 혹은 팀장과 직접 상의하는 부분에 있어서 서열이 없다는 것을 느낄 것이다. 나이도, 서열도, 직책도 상관없이 하고 싶은 얘기를 할 수 있는 회사. 그래야만 회사는 어디서든 좋은 아이디어를 얻을 수 있다. 아이디어는 누구한테서나 생겨나는 데 그 아이디어를 누군가 돕는다면 엄청난 사업 아이템이 될 것이다.

바로 그 도움을 주는 손길이 존재하는 회사를 만들어야 한다.

그래서 위에서 아래로 혹은 아래에서 위의 과정이 아니라 평등한 구조다.

그래야 젊은 직원은 빨리 성장하게 되고 창의적이게 된다. 그리고 자신의 의견에 자신감이 생기게 된다. 이런 분위기가 다른 이가 아이디어를 내는 데 모든 직원들과 지속적으로 협력하고 의사소통하게 만든다. 당연히 어떤 질문을 해도 괜찮다.

오늘은 부장, 내일은 평직원

피스컬노트의 직원인 올리비아는 자신이 전에 일했던 대부분의 회사에서는 구성원들이 각자 자신들이 일하는 공간으로 가서 하루 종일 혼자 일 하지만 여기는 그렇지 않다고 말한다. 사무실엔 빈자리도 많고 서 있는 사람도 많다.

지정된 자리 없이 자유롭게 일하는 직원들

미팅 또한 많다. 팀워크를 지향하는 회사다. 개인 책상이 있긴 하다. 그녀는 마케팅 부서에서 일하고 있고 지하에 있다. 하지만 많은 시간을 그 외의 장소에서 보낸다.

분명, 피스컬노트는 실적과 실수도 개인의 몫으로 계산한다고 했는데 실제 업무 진행과정은 팀워크가 상당히 강조되어 있음을 발견했다. 이건 무슨 뜻일까. 일은 함께 하고 실적은 개인으로 나눈다? 잘 이해가 되지 않았다. 황태일과 친구들은 처음 일을 시작할 때 문화가 회사에 가장 중요한 성공 요인이라고 생각했다. 그들은 회사가 어떻게 실패했고 성공 했는지에 대한 여러 사례들을 살펴보았다. 그리고 그들이 집중해야 하는 핵심요소 중 하나가 문화라는 것을 알게 되었다. 그렇다면 어떤 문화를 만들어야 할까.

황태일이 가장 중요하게 여긴 것이 '유연성'이다.

뭉치고 헤어짐이 자유로운 회사. 업무 간 연결이 필요에 따라 즉각, 즉각 이뤄지는 회사. 그런 회사가 되려면 직원들은 회사 전체의 업무를 이해하고 있어야 한다. 옆 사람이 지금 무슨 일을 하는지 알고 있어야 한다. 누구라도 언제든지 팀을 이끌어야 하는 상황에 놓일 수 있으니 리더십도 갖추고 있어야 한다. 그래서 황태일은 팀장, 차장, 부장 같은 직책을 두지 않는다. 대표와 이사는 있지만 세세한 직책은 필요 없다 여긴다. 누구라도 업무 진행에 따라 부장이 되어야하기 때문이다. 조직이 유연하다는 것은 많은 기회가 공평하게 주어진다는 의미도 포함된다.

피스컬노트는 다른 회사들과 달리 경험이 조금 부족한 신입 사원들에게도 비교적 많은 권력과 책임을 부여한다. 아이디어가 있다면 이를 추진하도록 하는 것이다. 일반적인 회사에서는 자신이 한 일에 대해 4, 5명의 상급자에게 보고해야 한다면 피스컬노트에선 계층구조가 없어 CEO와 다이렉트로 상의하고 일할 수 있다.

따라서 피스컬노트의 직원들은 매주 대표와 직원 간 1대1로 진행되는 미팅을 아주 중요하게 여긴다. 이를 통해 서로의 유대관계를 쌓을 뿐만 아니라 조직이 어떤 방향으로 운영되고 있는지 파악할 수 있고, 자신에게 어떤 아이디어가 있다면 어필할 수 있는 절호의 기회이기 때문이다. 그리고 자신의 의견에 자신감이 생기게 된다. 임원진에게는 큰 배에 혼자가 아님을 느끼게 해준다. 그래서 그들은 아이디어를 내는데 모든 직원들과 지속적으로 협력하고 의사소통을 한다. 또한 어떤 질문을 해도 괜찮다.

금요일마다 정기적으로 회의를 갖는데 회사에 대한 어떤 질문을 해도 괜찮다. 그래서 그들은 빨리 움직이게 되고 완벽하지 않은 것에 반응할 수 있게 된다. 스타트업엔 항상 작은 제동장치들이 있기 마련이다. 항상 완벽할 수는 없다. 성장을 한다. 계획을 세우면서 동시에 비행을 하는 것이다. 그래서 빨리 반응 하는 순발력을 배우게 되고 다른 각도에서의 피드백을 받음으로써 융통성을 갖추게 된다.

매니저 교육 프로그램

회사의 조직 체계를 유연하게 작동시키려고 할 때, 그러니까 일반 직원으로 일하던 사람에게 갑자기 팀장의 역할을 맡기려고 할 때 사장의 입장에서 생각해보면 '과연 잘해낼까' 망설여질 수 있다. 황태일은 젊은 나이에 사장직을 수행하면서 자신에게 쏟아지던 그 수많은 의심의 눈초리를 기억하고 있다. 어쩌면 그 또한 자기보다 나이가 어리거나, 경력이 부족하다 판단되는 직원에게 관리직을 맡길 때 두려워할 수 있는 것이다.

매니저 교육 프로그램을 진행하는 모습

그래서 시작한 것이 매니저 교육 프로그램이다. 자신들의 업무를 더 효율적으로 하도록 하는 것뿐만 아니라 자신들이 진행하는 프로젝트를 어떻게 더 효과적으로 실행하느냐, 팀을 어떻게 운용할 것이냐에 대한 교육을 하는 것이다. 피스컬노트 같이 하루가 다르게 빠르게 성장하는 기업은 소수 매니저들이 일일이 사원들을 다 교육하고 관리할 수 없다. 그렇기 때문에 매니저급 사원들은 한 달에 한번 조직 운영에 관한 책을 읽고 책에 있는 내용에 대한 토론을 통해 회사에 적합한 대안책을 찾아 실행하도록 한다.

피스컬노트의 놀라운 점은 처음 시작부터 사원들이 관리자로서의 리더십 역할에 대한 교육을 받도록 했다는 것이다. 처음 시작할 때, 직원 수가 10~12명일 때도 매니저 교육을 했고, 40명, 60명일 때도 했으며, 현재도 계속 하고 있다. 앞으로도 계속 할 것이다. 이런 투자를 하는 소규모 회사는 매우 드물다. 회사가 단순히 성장하는 것이 아니라 성장을 신속하게 진행하고 있다는 증거다.

좋은 회사에는 많은 리더들이 있고 좋은 리더들이 새로운 기업의 가치를 세워나갈 때 회사는 진정 성장할 수 있다. 교육 책임자인 아더는 리더십이란 것은 타고난 성향이 아니라 교육과 트레이닝을 통해 만들어지는 것이라는 점을 강조한다. 좋은 리더는 분명 교육을 통해 만들어질 수 있다는 것이고 그 교육을 피스컬노트에서 실행하고 있는 것이다.

사장의 일정표를 보면 회사의 미래가 보인다

회사가 급속도로 성장하면서 가장 빠르고, 가장 드라마틱한 변화를 겪는 파트가 영업부서였다. 황태일은 영업과 개발을 분리시키고, 각 팀별로 최고 책임자를 두어 사장에게 집중된 업무를 분산시켰다. 사실 영업과 기술개발은 기업이 커질수록 더욱 전문화되고, 업무가 다양화되기 때문에 모든 결정을 CEO 한 사람에게 집중시키는 것은 위험한 일이기도 하다. 대신 황태일은 투자유치와 인력관리에 시간을 투여했다.

그는 회사 내 의사소통 부분까지 챙기면서 직원회의와 일대일 회의, 그리고 마케팅팀 회의를 직접 챙긴다. 직원들과 대면해서 이야기를 나누는 시간을 모두 합하면 1주일에 이틀 이상이나 된다. 사실 그만큼 시간을 빼기가 쉽지만은 않다. 대외적인 미팅과 회의가 항상 있기 때문이다. 하지만 직원들을 독려하고 직원들의 업무를 파악하고 직원들의 고충을 듣는 일은 소홀히 할 수 없다.

나는 여기서 황태일이 왜 벤처기업의 대표가 되었는지 알 수 있었다.

그의 목적은 단지 돈을 버는 것이 아니었다. 세상에 이로운 무언가를 만들어 국가와 사회, 그리고 인류의 삶에 조금이라도 기여하기 위해 그는 CEO가 되었다. 목표가 돈이 아니기 때문에, 그의 목표는 명예와 가치이기 때문에 그의 시간을 피스컬노트의 직원들에게 할애하고 있는 것이다. 황태일은 일주일에 서너 번씩 워싱턴 D.C.와 뉴욕을 오간다. 본사와 지사를 모두 챙겨야 하기 때문이다. 구조적으로 팀의 기능은 같다. 차이점을 찾으라 한다면 뉴욕팀은 금융고객에 초점을 맞추고 있다. 뉴욕에 위치한 금융, 소매 은행업무, 금융 투자 서비스, 그리고 보험관련 고객들에 말이다. 그리고 기술 분야도 포함된다. 뉴욕 지사는 미국의 주요 은행들과 일하고 있고 지속적으로 새로운 고객을 찾고 있다. 워싱턴 D.C.는 정부기관과 대부분 일반 기업들에 초점을 맞춘다.

나는 황태일이 뉴욕에 갈

지하철을 타고 이동하는 황태일

때 동행했다. 그는 뉴욕으로 이동할 때 승용차를 이용하지 않는다. 오전 5-6시에 일어나서 7시 기차를 타면 9:30-10시 정도에 뉴욕에 도착한다. 그곳에서 보통 피스컬노트 뉴욕지사를 체크하고 두세 명의 고문을 만나고, 여러 미팅을 갖고 고객들, 동업자과 미팅을 가진 뒤 오후 8-9시 기차를 타고 워싱턴 D.C.에 도착하면 집에 자정쯤 들어간다.

이처럼 아주 빡빡한 일정을 소화해야 하는데 왜 승용차를 타지 않을까. 그것은 뉴욕행 기차 안의 그의 모습에서 찾을 수 있었다. 뉴욕을 오가는 그 기차 안에서의 시간은 오로지 황태일 개인의 시간이다. 그는 최신 경제, 디지털, 정치 관련 잡지를 읽고, 때로 문학작품도 읽고, 예정된 미팅에서 나눌 대화 내용을 미리 메모해보기도 한다. 운전기사가 딸린 승용차라면 차안에서도 이런 행위는 가능할 것이다. 그러나 그는 미국의 아주 평범한 시민들과 부대끼고, 그들의 얼굴을 보고, 그들 사이에서 세상 돌아가는 것을 함께 느끼고 싶어 굳이 기차를 택한 것이다.

10분, 20분이 소중한 잘나가는 벤처기업 CEO에게 일주일에 두세 번씩 주어지는 4~5시간의 여유. 이 시간은 황태일이 겸손해지는 시간이다. 그리고 황태일이 자신의 목표와 가치를 다지는 시간이기도 하다. 황태일은 먹는 것, 입는 것에 그리 많은 돈을 쓰지 않는다. 그걸 준비하고 신경 쓰느라 시간을 투자하지도 않는다.

한국의 많은 CEO들, 심지어 CEO가 아니더라도 20대 젊은이들조차 건강을 위해 운동을 즐겨한다. 일부러 시간을 쪼개 운동하는 것을 아주 자랑스럽게 여긴다. 그런데 황태일에게는 그럴 시간이 없다. '무엇을 할 것인가' 고민하던 시기는 지났다. 지금은 '어떻게 할 것인가' '얼마나 할 것인가'를 논의하는 단계. 오늘을 바쁘게 살아가는 그의 머릿속에는 온통 내일의 전략이 가득했다.

○ 인터뷰: 피스컬노트 직원 아더 크렐 : 일대일 회의의 장점

피스컬노트에서는 많은 회의가 진행되고 있다. 새로운 과제들이 하루에도 몇 개씩 새롭게 등장하기 때문이다. 그런 회의들은 구체적인 업무 회의이기 때문에, 회의 자체가 곧 일이다.

아더 크렐(피스컬노트 직원)

가끔씩은 사장과 일대일로 미팅을 갖는다. 나는 이게 우리 회사의 가장 큰 장점이라고 자랑하고 싶다. 우선 장소는 회사가 아닌 공원이나 레스토랑, 커피숍 등 자유로운 곳으로 간다. 분위기가 바뀌면 생각도 자유로워진다. 우리는 아주 자연스럽게 많은 이야기를 나누곤 한다. CEO와 직원이 생각을 나누는 시간을 갖게 되면 향후 황태일이 옆에 있지 않을 때 그들이 의사결정을 할 경우 큰 도움이 된다. 그러면 어떻게 생각하며 어떻게 결정을 내렸을지에 대한 예상답안을 제시해줄 수도 있다. 그래서 회사 전체적으로 보면 결정을 빨리 내릴 수 있게 도와주고, 서로 옆에 있지 않더라도 효과적인 의사결정을 하도록 한다.

시간이 투자된 관계와 이러한 회의를 통해 절대적인 의사소통이 가능하게 되는 것이다. 일대일 회의를 통해 직원은 황태일이 CEO로서 회사에 대해 어떠한 전략을 가지고 바라보고 있는지 알 수 있다. 그리고 상황에 대해 피드백을 줄 수도 있다. 경영진들 사이에서 매일 일어나는 일들을 자세히 파악하고 보고하는 것이 나의 업무 중 하나인데 이것을 황태일과 나눔으로써 경영진에 대한 생각을 다른 관점에서 볼 수 있는 눈을 갖게 한다는 점도 아주 좋다.

직원들의 야망을 키워주는 회사

황태일은 회사를 창업하고 CEO로서 가장 힘들었던 점 중 하나로 직원과의 관계를 꼽았다. 불과 3년 만에 직원수가 10명에서 100명 이상으로 크게 늘었다.

피스컬노트 직원들과

대부분이 가정이 있고 자녀가 있고 주택 부채가 있고 자신들의 시간을 투자해서 커리어를 쌓고 있는 사람들이다. 그는 항상 어떤 문제가 생겼을 때 직원들이 이 문제에 대해 어떻게 바라볼까에 대한 생각을 하고 직원들이 어려운 상황 속에서도 어떻게 지속적으로 일에 몰두하게 할 수 있을까에 대한 고민을 한다. 회사도 성공적이어야 하지만 직원들의 커리어 역시 성공적이어야 하기 때문이다.

회사 창립 초기에 입사한 사람들은 한마디로 잘 나가는 회사를 그만두고, 이름도 없는, 비전도 막막한 신생기업을 선택한 이들이었다. 그들의 면면을 살펴보면 공통점이 하나 있다. 바로 야망이 매우 넘치는 사람들이라는 점이다. 그들은 항상 성공에 목말라 있었다. 그런 사람들을 위해서는 항상 성공을 느끼고, 맛볼 수 있는, 잡고자 한다면 잡을 수 있는 환경을 만들어줘야만 한다. 그런 경지에까지 직원들을 올려놓는 일은 매우 힘들지만 그 경지에 오르면 직원들은 어려움이 닥쳤을 때 경영자도 그들에게 기댈 수 있게 된다.

황태일의 피스컬노트는 지속적인 투자가 이뤄지고, 끊임없이 언론의 주목을 받으며 직원들의 야망을 어느 정도 충족시켜 줄 수 있었다. 그렇다면 3년차 젊은 CEO, 스물 네 살의 사장의 고민은 무엇일까. 여전히 황태일을 고민하게 만드는 것은 직원들의 요구와 갈망과 이익을 어떻게 보장해주느냐 하는 문제였다.

현재 피스컬노트는 다분히 가족적인 환경과 신뢰로 묶여져 있다. 그런데 직원수가 300명을 넘어, 천명까지 늘어날 것이 예상되는 상황. 그때도 이런 문화를 유지할 수 있을까 싶다. 빠른 속도로 직원을 고용하는 시기에는 추구하는 방향과 가치, 문화적 특징을 이해하는 사람을 골라내는 일에 집중하게 되는데, 일정 규모 이상이 되면 문화와 가치보다는 겉으로 드러난 스펙이나 경력으로 판단하는 일이 많아질 것이다.

모든 사업이 성장만 할 수는 없는 법이다. 사업은 항상 올라갔다 내려가기도 하며 어려움이 찾아오기도 한다. 좋은 결과를 낼 때도 있겠지만 어려울 때도 있을 것이다. 이러한 모험을 받아들이고 회사와 같이 성장하고자 하는 직원을 어떻게 찾느냐는 것은 항상 고려해야할 부분이다. 그건 굉장히 어렵다. 특히 수백 명의 직원들과 함께할 때는 더 어려운 일이다.

그래도 황태일은 이 지점을 결코 포기하지 않을 작정이다.

미래 비전은 구체적으로, 최대한 원대하게

황태일은 피스컬노트를 세계적인 법률 관련 정보 회사로 만들고 싶은 꿈이 있다. 그 꿈에는 단순히 정보를 파는 회사가 아니라 법률을 체계화하고 미래 법을 발명하는 임무도 포함돼 있다. 전략적으로 봤을 때 이것이 의미하는 것은 맨해튼에 있는 변호사가 파리, 도쿄, 서울, 호주, 혹은 부에노스아이레스의 법이 변하는 것을 실시간으로 볼 수 있게 된다는 뜻이다. 이는 전 세계 각국에서 벌어지는 법과 관련된 모든 행위를 한 곳에서 볼 수 있게 된다는 말이다. 그것은 인간 역사상 실행된 적이 없는 일이지만 황태일이 장기적으로 이루고 싶은 아주 명확한 꿈이다.

워싱턴포스트지에 소개된 피스컬노트

이것이 성취된다면 우선 사업에 있어서 법의 영향을 이해할 수 있게 된다. 예를 들어 새로운 탄소 배출 세금이 입법부에 통과되었다고 가정해보자. 이것이 에너지 생산에 어떠한 영향을 줄 것이고 에너지 증권과 증권 시장에 어떠한 영향을 줄 것인지를 곧바로 확인할 수 있게 된다. 법적인 정보뿐 아니라 사업 정보를 함께 연결시킴으로써 아주 영향력 있는 플랫폼이 형성되는 것이다.

또 다른 예를 들어보자. 정부가 화학 물질을 사고파는데 있는 규제를 완화하고 특히 국가 간 거래를 승인하는 법이 통과되었다고 가정해보자. 이것은 앞으로 온갖 종류의 사업에 있어서 국제 무역 거래상 발생할 마찰이 상당수 감소한다는 것을 의미한다. 보다 정확한 규정은 존재하겠지만 거래가 시장 질서에 따라 풀렸기 때문이다. 물론 정부나 각종 관계 기관은 각 기업들의 규정 준수 상황을 실시간으로 보게 될 것이지만 말이다.

이처럼 황태일이 꿈꾸는 미래의 법적 정보 교류 시스템의 궁극적인 임무는 법적 정보를 체계화 시키는 것뿐 아니라 비즈니스와 재무적 정보를 연결시켜 사람들에게 통일되고 통합적인 사업적 시각을 갖게 하는 것이다. 이제껏 그 실체나 모델이 존재하지 않는 전혀 새롭고, 그래서 아주 원대한 꿈이다.

피스컬노트 제품은 오늘날 전반에 걸쳐 다양한 분야에 사용되고 있다. 기술 분야에서 제약업, 의료서비스, 부동산 투자 정보 서비스 기관에 까지 말이다. 큰 분야 중 하나는 의료서비스이다. 미국 굴지의 의료보험회사 블루 크로스 블루 쉴드와 같은 기관 엣나(atna), 엔떰(anthem)은 의료서비스의 변화 개선을 관찰하기 위해서 피스컬노트 플랫폼을 매일 사용하고 있다. 노인 의료 보험 제도 상환에서부터 의료장비, 그리고 시민에게 어떤 의료서비스를 어떤 방법으로 제공하는 지까지 그들은 피스컬노트를 통해 알 수 있다.

피스컬노트 알고리즘은 앞으로 경제와 법률 분야에 더욱 넓게 퍼져나갈 것이다. 그러한 분야에 제한되지 않고 더 넓은 산업 분야에도 사용될 것이다. 예를 들어, 펜실베니아에서 개정된 법이 어떤 주에 에너지 산업에 어떻게 영향을 끼치게 될 것인가를 예측하는 것이 가능해지니까 말이다. 또 어떤 서비스의 가격이 어떻게 오를 것인가도 예측할 수 있게 된다. 무역 데이터를 통해 어떤 물건이 어떤 항구로 가면 얼마 만에 통과할 것인가, 그리고 그것이 회사에 어떤 영향을 줄 것인가를 예측한다면 산업에도 피스컬노트의 기술이 접목될 수 있을 것이다.

황태일이 자랑스럽게 생각하는 또 다른 분야는 비영리 분야다. 마크 주커버그의 후원 하에 운영되는 단체가 있고 주요 기술 전문가인 코드 닷 올(code dot org)도 있다. 스텝 교육에 대한 비영리적인 단체를 만들려 하는 중이다. 엔지니어와 코딩에 관한 교육들이다. 그들은 실제로 피스컬노트 플랫폼을 매일 사용한다. 교육관련법이 나라에 걸쳐 어떻게 변화하고 있는지 관찰하기 위해서 말이다. 이러한 점이 피스컬노트의 흥미진진한 부분이다.

이 플랫폼은 거의 모든 산업에 적용이 가능하다. 매일 그들은 피스컬 플랫폼을 통해서 그들의 사업에 영향을 줄 수 있는 법이 어떻게 변하고 있는지 관찰하고 있다. 그의 이런 구상들은 끊임없이 업데이트되고 있다. 그리고 피스컬노트의 전 직원들과 매일 공유하고 있다. 젊은 CEO는 공개적으로, 당당하게 그의 꿈을 설명하고 추진해가고 있는 것이다.

○ 인터뷰: 피스컬노트 직원 조셉백

황태일이 아시아계 미국사회, 특별히 한국계 미국사회에 주는 영향은 대단합니다. 아시아계 미국인과 한국계 미국인도 혁신에 참여할 수 있고 미국 비즈니스에 참여할 수 있다는 희망과 생각을

조셉백 (피스컬노트 직원)

주고 있어요. 그건 미국시장 뿐 아니라 국제시장에까지 영향을 미치는 아주 중요한 역할입니다.

하버드 대학을 졸업한 후 내가 피스컬노트에서 일하고자 했던 이유는 단 하나. 리더 황태일이 맘에 들었기 때문입니다. 아시아계 미국인 리더들이 얼마 없어요. 비즈니스에는 아시아계 미국인이나 한국계 미국인이 많다고 해도 영감을 주거나 핵심 아이콘이라고 할 수 있는 리더가 많지 않습니다. 그래서 황태일은 피스컬노트의 CEO로서 향후 몇 년 동안 앞으로 나아갈 수 있다고 생각했습니다. 그리고 아시아계 미국인과 한국계 미국인도 이민자, 2세인 시민으로서 미국에서 무엇이든 이룰 수 있다는 신념을 갖게 해준 것이 무척 고마웠습니다. 나 역시 이 나라의 소수자지만 황

태일은 사람들을 모으는 특별한 방식이 있습니다. 인종차별이나 젊은 층 혹은 노년층에 대한 것이든 그가 말하는 이슈는 매우 중요합니다. 소수 사회에서 혁신을 추진해 나가는 것은 매우 중요한 부분이라고 봅니다. 황태일은 분명 이러한 범주에서 확실한 리더입니다.

○ 인터뷰: 피스컬노트 직원 저스틴

저스틴(피스컬노트 영업파트 수석 부사장)

피스컬노트의 영업파트 수석 부사장입니다. 구독 서비스 고객을 유치하는 일을 맡고 있습니다. 저는 엔젤리스트(AngelList)라는 사이트를 통해서 팀을 알게 되었습니다. 엔젤리스트라는 사이트는 스타트업에서 일을 하고자 하는 사람들과 사업을 성장시켜줄 수 있는 전문가를 찾고 있는 젊은 스타트업을 연결시켜주는 사이트입니다.

제 애기를 좀 하겠습니다. 처음 직장생활을 질로우(Zillow)라는 곳에서 시작했는데, 질로우는 정보를 투명하게 제공하는 회사입니다. 미국에서 가장 크고 고객의 상품을 제공하는 곳이지요. 그 후 저는 콘텐츠를 생성하는 아티스트에 관한 정보를 제공하는 텀블러(Tumblr)라는 회사로 이직해서 큰 회사들과 함께 일했습니다.

어떻게 웹이 오프라인 상업을 변화시켜서 온라인으로 옮겨올 수 있는가 하는 점을 늘 고민하고 있던 중이었지요. 그 때 기업과 정부와의 연결, 시너지 효과 등이 아주 중요하다고 느꼈는데, 그건 이 부분이 무궁무진한 새로운 사업의 영역이 될 거라는 걸 알았던 것이지요.

황태일은 바로 그런 저의 느낌이 옳았다는 걸 증명해주는 사업가였습니다. 제 생각과 딱 맞아떨어진 겁니다. 팀과 처음 만났을 때가 생각납니다. 우리는 아침을 먹으며 처음 만났는데 서로의 배경과 비전에 대해 이야기를 나눴습니다. 팀은 피스컬노트가 무엇을 해낼지에 대한 아주 큰 비전을 갖고 있었습니다.

"로켓을 발견하고 로켓의 성능을 알려면 로켓에 올라야 한다."

그가 가진 회사 비전에 대한 이야기를 듣자마자 감동받았습니다. 그의 리더십에 놀라고, 그가 세상을 아주 넓은 시각에서 보고 있다는 점에 다시 또 놀랐습니다. 황태일은 겨우 23살이었는데 나이에 비해 사고가 아주 성숙했습니다. 황태일과 같이 타고난 리더를 만나게 되면 당장 합류하고 싶은 마음이 들기 마련입니다.

제가 보는 관점에서 황태일은 CEO로서 아주 당차고, 배려심이 깊은 리더입니다. 임원진이 부서 내에서 제대로 일을 수행하도록 믿음을 줍니다.

피드백도 잘 해주지요. 특히 회사 자체만 신경 쓰는 게 아니라 회사의 문화를 만들어가려는 노력이 아주 멋지게 보입니다. 적절한 사람을 고용하고 함께 일하는 직원들의 정신 상태, 컨디션을 체크하는 모습이 아주 흐뭇합니다. 그의 이런 노력으로 피스컬노트는 가장 가치 있는 자산이 '사람'이라는 믿음이 생깁니다. 실제로도 그렇습니다. 사람들의 협동 능력이 피스컬노트가 가진 가장 큰 재산입니다.

○ 인터뷰: 피스컬노트 직원 빈센트 에버리

원래 펜실베니아에서 살았었는데 노숙자 자원봉사 프로그램에 참여하기 위해 텍사스로 이사 오게 되었습니다. 전 컴퓨터 공학을 전공했습니다. 아내와 함께 살 집을 알아보고 있던 중에 피스컬노트에 대해 알게 되었습니다. 사회적 책임과 기술을 융합한 사업이라는 점이 제 마음을 뒤흔들었지요. 세상에 이런 회사가 존재할

빈센트에버리(피스컬노트 직원)

수 있다는 것 자체가 신기하고 놀라웠습니다. 당연히 이 사업의 일부가 되고 싶다 생각했지요. 인터뷰를 마치고 취직이 결정되자 전 곧바로 텍사스 생활을 접고 워싱턴 D.C.로 이사했습니다.

저는 항상 일을 할 때 제 자신을 좀 더 기술적으로 향상시키기 위한 여부를 중요하게 여깁니다. 피스컬노트에서 일하는 사람들은 기술적으로 매우 뛰어난 사람들입니다. 모두들 서로 도움을 주려고 노력하며 서로 기술적으로 더 나은 사람들이 되려고 지속적으로 노력하고 있지요. 그렇기 때문에 여기서 일한다는 것은 앞으로 제 커리어에도 큰 장점으로 작용할 것입니다.

텍사스에서 노숙인들을 위한 자원봉사를 하면서 저는 제 자신이 갖고 있는 능력을 어떻게 사용해서 사회에 변화를 줄 수 있을 것인가에 대한 질문을 많이 했는데 피스컬노트에서 그 답을 찾은

것 같습니다. 저는 이곳에서 일하면서 사회적 변화에 참여하고 있습니다. 사회에 좋은 영향력을 끼치는 일과 기술을 융합하는 일을 하는 회사는 매우 드물기 마련인데 이런 회사에서 일할 수 있다는 것은 큰 행운이라고 생각합니다.

○ 인터뷰: 피스컬노트 직원 모모옹

저는 피스컬노트 CEO 황태일의 리더십에 대해 얘기하고 싶습니다. 그는 아주 강력한 비전을 갖고 있고 그 비전을 납득시키고 전파하는 능력이 있습니다. CEO에게는 그게 아주 중요한 덕목입니다. 그는 사람들에게 영향을 주고 동기를 부여할 수 있습니다. 저는 그 점이 존경스럽습니다. 입사한 첫 순간부터 나의 커리어를 발전시킬 수 있는 훌륭한 기회가 생겼다는 걸 분명히 깨달았습니다. 물론 황태일과 그의 리더십 역량 덕분이었지요.

모모옹(피스컬노트 직원)

황태일이 이끄는 방식은 개인들이 자신의 재능을 개발할 수 있도록 권한을 부여하고 그렇게 함으로써 회사에 기하급수적으로 기여하게 하는 것입니다. 황태일은 비전을 전파하고 제가 어디로 가야 할지 결정하는 데 큰 도움이 되어 왔습니다. 정확히 어떻게 가야 하는지는 말해주지 않지만, 결국 그 경로를 알아내는 것은 모두 본인이 할 일지만 황태일은 어디로 가야할 지 그 방향을 정확하게 알려주고 있습니다. 바로 그게 제가 그와 함께 일하면서 행복감을 느끼는 부분입니다.

누군가 앞장서서 실행에 옮기고 성장할 수 있도록 아주 분명한 비전을 제시한다면 비록 좀 능력이 떨어지는 사람도 함께 할 수 있지 않을까요. 가장 단순하고 명확하게, 복잡하고 미래적인 아이디어를 설명할 수 있는 황태일의 능력은 비할 데 없으며 많은 사람들, 특히 그와 같은 연령대의 사람들에게서 좀처럼 발견하기 어려운 점입니다.

황태일이 피스컬노트로 성공할 수 있었던 요인은 2가지라고 생각한다.

첫째, 모든 경영인들이 필요로 하는 획기적인 새로운 기술을 찾았다는 것이다.

지금 우리가 사는 이 세계는 모두 법적 규제가 있고 그 법적 규제안에서 모든 비즈니스가 이루어지고 있다. 그러므로 성공적인 비즈니스를 하려면 누구보다 규제나 법적인 정보들을 빨리 알아야하고 그것에 대처하는 순발력이 필요하다는 것이다. 그런데 안타깝게도 이 법적인 문제에서 만큼은 다들 두려워하고, 감히 해결하려 하질 않았고, 지금까지 원시적인 방법이나 엄청난 변호사 비용을 지불하면서 정보를 얻어냈었다.

사실 미국경제는 법률, 규제, 공공정책과 같은 많은 제제들로 묶여있어서 많은 회사들이 어려움을 겪고 심지어 붕괴가 되는 경우도 간혹 볼 수가 있다. 그래서 지금까지 많은 회사들이 이 문제들을 해결하기 위해 비싼 로비스트들이나 고급 법률 컨설턴트들을 이용하여 이런 법적인 문제점들과 해결하려고 노력을 해왔었는데, 이 방법은 생각보다 많은 시간과 돈이 요구되는 비즈니스의 큰 장애물이었다.

로버트 글렌 허바드 (콜롬비아대학 경영대학원 학장. 전 부시대통령경제수석)

세계를 돌아보면 이러한 현상은 사실 미국에만 속한 것이 아닌 것 같다. 세계 모든 국가들의 공동 관심사이기도 하다. 더욱이 국가와 국가를 연결하는 해외국제 비즈니스에서도 그 나라의 법과 규제를 예측하고 정보를 얻는 일은 매우 중요한 사항이다. 그러나 사실 내나라 법과 규제도 제대로 바로 알 수가 없는데 다른 나라의 법 과 규제를 어떻게 알 수 있단 말인가? 그런데 황태일군이 창업한 피스컬노트는 바로 이런 문제를 쉽게 해결하는 놀라운 신제품을 개발했다.

이제, 누구나 피스컬노트가 개발한 이 제품만 가지면 그동안 법률고급 컨설턴트들이나 로비스트를 통해서만 장시간을 기다려 얻을 수 있었던 법에 관한 정보들을, 단시간에 쉽게 자신의 컴퓨터나 스마트폰 안에서 알아낼 수 있게 되었다는 것이다.

이전에는 현존하는 법률들 조차 알아내기도 쉽지 않았는데, 황태일군의 회사에서 개발한 이 피스컬노트를 통해서는, 지금 현재 추진하거나 심의중인 법률안을 알 수 있으며, 그 법률안들의 통과 여부를 예측할 수 있고, 더욱이 법률안들이 통과 될 수 있도록 도와주고, 더 나아가 영향력을 행사할 수 있도록 알려주고, 심지어는 지금 막 통과된 법률안까지도 실시간 검색이 가능하니, 정말 이 아이디어의 개발은 세계가 놀랄 획기적인 사건임에 틀림이 없다.

둘째, 황태일군은 자신의 이 놀라운 아이디어를 생각으로만 그친 것이 아니라, 두 명의 친구와 3개월 동안 모텔방에서 연구하여 제품으로 개발하고, 비즈니스화하고 전 세계에 보급할 수 있는 능력이 있었다는 것이다.

바로 황태일의 이와 같은 능력 때문에, 피스컬노트 회사는 미국에서도 규모가 크고 이름이 많이 알려진 큰 회사들에게 주목을 받게 되었고 그들을 고객으로 불러와 다른 회사들보다 일찍 투자를 하게 하였다는 것이다. 정말, 이렇게 많은 유명 굴지의 투자자들이 사업초기에 몰려오는 경우는 미국 내에서는 있을 수 없는 일이다.

그런 점에서 황태일군과 피스컬노트회사의 비즈니스의 잠재성은 그 어느 다른 회사들보다 탁월하며, 우리의 상상을 초월할 정도로 엄청난 파괴력을 가지고 눈부시게 성장할 것이라는 큰 기대를 갖게 한다.

06

명 예 를 얻 는 자 , 세 상 을 얻 는 다

성공

콜롬비아 대학에서 강의하는 황태일

미래비전을 개척하라

피스컬노트는 법적 정보를 다루는 등록 상표가 붙은 큰 데이터이다. 주마다, 월마다 커지고 있다. 피스컬노트가 성공할 것이라는 건 확실하다. 왜냐하면 피스컬노트가 하는 일을 하는 회사는 존재하지 않기 때문이다. 틈새시장인 것이다. 많은 회사들과 법을 만드는 사람들이 피스컬노트에 대해 많은 관심을 가지고 있다. 그리고 황태일은 아주 큰 가치의 일로써 시장에 새로운 것을 제공하고 있다.

피스컬노트를 사용하는 고객들은 포춘지 선정 500대 기업에서부터 중소기업, 로펌 등 다양하다. 공화당, 민주당 리서치 스텝들 또한 피스컬노트의 플랫폼을 사용 중이다. 이 소프트웨어는 지속적으로 업그레이드 버전이 나오고 있다. 미국뿐 아니라 세계 각국의 법체계와 연결된 시스템도 연구 중이다. 이 중에서도 가장 핵심은 피스컬노트가 다음 세대를 위한 법적 소프트웨어를 준비하고 있다는 점이다. 그들은 법률, 규제를 모으고 있다. 법정 사례도 시작할 예정이다. 미국 뿐 아니라 전 세계로 그 범위를 넓혀가는 중에 있다. 모든 자료를 뽑아서 일반화 시켜서 사람들에게 규제분야에서 무슨 일이 일어나는지 더 잘 알 수 있도록 해주는 것이다. 예를 들어, 기술 산업과 관련된 것은 지분권 분야이다.

지분권에 대해서는 많은 규제 법률이 진행되고 있다. 보험규제, 라이센싱, 이웃규제 등이 있다. 만약 당신이 우버 본부에 있고 여기저기서 타격을 받고 있다고 생각해 보자. 일반적으로 회사 관계자들은 총회를 열어, 방향을 정한 뒤 수많은 변호사와 로비스트를 고용하면서 옹호를 시작할 것이다.

분석가들은 손해 득실을 따져볼 것이다. 이때 피스컬노트는 플랫폼을 제공해 줄 수 있다. 지분권에 관해 바로 검색이 가능한 플랫폼으로 모든 지분권 관련법이 나와 있고 94% 이상의 정확성으로 이 법안이 통과할지 말지에 대한 예측도 가능하다.

로비스트나 변호사를 대신하는 도구인 것이다. 어느 분야에 관련된 것이든 자료를 검색할 기회가 있다. 이것은 법적 시스템에 절대적 영향을 받고 있는 우리 모두에게 혁명적 변화를 예고하는 상품이다. 황태일의 첫 번째 미래 비전은 바로 이렇게 없던 것, 새로운 것을 만들어낸 데 있다.

황태일은 피스컬노트가 인수가 된다면 그 업체는 구글일 것이라고 한다.

구글이라는 이름 때문이 아닌 두 가지 이유 때문이다. 하나는 그들이 버리지 않은 가치 때문이다. 문화적 가치 말이다. 사람에 대한 철학이 없는 기업이 인수 제안을 한다면 그게 얼마가 되든지 받아들이지 않을 것이라고 그는 분명하게 밝혔다. 또 다른 한 가지는 그들의 임무가 법적 정보를 체계화하고 사람들에게 유용하게 제공함으로써 그들이 맡은 업무를 더 잘할 수 있게 돕는 것이기에 단순히 기술적 가치로는 판단하기 어렵다는 점이다. 상품을 만들어 판매해서 돈을 버는 형태가 아닌 자료를 제공하고 그 자료의 유용함, 가치로 이익을 확대하는 방식에서 구글과 비슷하다는 것이다.

황태일은 언제나 분명하게 말한다.

그의 목표는 돈이 아니고, 단순히 상품을 많이 파는 것이 목적이 아니라고 말이다. 그는 가치 중심적 인간이고, 따라서 그가 진행하는 사업 또한 지극히 가치 중심으로 움직이고 있다. 이것이 그의 성공의 핵심 포인트다. 그리고 그 가치를 지속적으로 전파하는 것에서 그의 비전이 만들어지고 있다.

피스컬노트는 그들만의 언어를 만들어 내고 있는 중이다.

그들은 자료를 검색하고, 필요한 자료를 끌어내는 도구에서부터 어플까지 모든 것을 만들어냈다. 법적 자료를 모으든지 모든 자료에 색인을 만들든지 자연언어과정, 소셜 네트워크분석 등을 만들었다. 단순히 아이폰 어플을 만들고 있는 것이 아니다. 그들은 기초에서부터 모든 것을 만들어 가고 있다. 그것은 엔지니어 관점에서는 매우 흥미로운 일이다.

비전이라는 것은 바로 앞서 나가는 선도적 행보에서 생겨난다. 멈춰있으면 그것은 곧 실패고, 퇴보다. 황태일은 피스컬노트를 계속해서 발전시켜나가는 중이다. 그러기위해서 피스컬노트에서 해결해야 할 숙제 또한 남아있다. 그들이 첫 단계에서 했던 일은 자료를 수집하는 것이었다. 주마다 행정 처리가 선진적이기도 하며 후진적이기도 하다. 어떤 법률을 손글씨로 써서 올리는 경우도 있었다. 그런 경우 직접 가서 그 자료를 찾아낼 수밖에 없었다.

그들은 정부기관과 함께 협력하면서 행정을 어떻게 하는 것이 좋은지에 대해 지속적으로 논의하는 중이다. 황태일이 꼽는 한 가지 흥미로운 점은 행정 처리 시스템이 미국보다 훨씬 뛰어난 국가들도 많이 존재한다는 것이다. 그는 얼마 전에 세계 각국을 돌아다니며 정부 행정 시스템을 공부하고 왔는데 그들로부터 배울 점이 정말 많고 미국에 바로 도입될 만한 시스템도 여러 개 있다는 것을 깨달았다.

예를 들면, 영국의 경우 그들이 발행하는 자료는 기계 판독이 가능하다. 그것은 매우 큰 장점이다. 800p짜리 문서가 텍스트가 아닌 이미지로 되어 있다고 가정할 때 이는 기계 판독이 불가능하다. 따라서 그 작은 요소 하나를 통해 여러 가지 다양한 가능성을 만들게 된다. 앞으로 그들이 내놓을 상품에 대한 기대. 그들이 만들어낼 새로운 시스템에 대한 흥미진진한 기대감. 만약 당신이 성공한 CEO가 되고자 한다면 이 점이 반드시 필요하다는 것을 기억해야 할 것이다.

직원은 파트너다

황태일은 최고경영진들과
일주일에 한 번씩 조찬을 갖는
다. 회사의 모든 사정을 확인
하기 위해서다. 그리고 생산
과 마케팅 직원들과는 일주일
에 두어 번 정도 조찬을 먹는

회의를 지켜보는 황태일

다. 모든 것이 준비되어 있는지 확인하기 위해서 말이다. 그는 회
사 밖에서 직원들과 함께 보내는 시간이 중요하다고 생각한다. 회
사라는 공간은 힘든 곳이 아니라 매일 함께 일하는 사람과 깊은
관계를 형성하는 중요한 곳이기 때문이다. 직속 부하직원과 좋은
관계를 맺는 것은 매니저에게 아주 중요하다. 특히 주 단위로 갖
는 일대일 회의의 성과가 좋다. 일대일로 만나다보면 일반적인 사
장과 직원의 관계가 아닌 보다 친밀한 관계 형성이 가능해진다.

황태일은 CEO로서 회사의 모든 부사장, 매니저, 임원들에게
그들의 팀과 일대일의 회의를 통해서 매일 관계를 쌓아가도록 요
구한다. 일대일 회의를 하는 것의 일환으로 때로는 아침을 같이
먹으면서 그들이 전문분야에서 성장하기 위해서 어떻게 지속적

피스컬노트 직원들과

으로 투자할 수 있을지 생각해보기도 한다. 황태일이 생각하기에 매니저의 가장 큰 일 중 하나는 "너의 성공적인 직장생활을 위해 내가 어떻게 도와줄 수 있겠니?"라고 물어보는 것이다. 그들에게 어떠한 장애물이 있고 무슨 목표를 이루고 싶은지를 알아야 한다. 그리고 리더인 입장에서 그들이 목표를 이룰 수 있도록 어떻게 도와줄 수 있을지 생각해 본다. 경영진들의 관계에 대해서도 많은 이야기를 나눈다. 운영시책이나 매니저 연수 프로그램을 만들어서 더 많은 사람들이 상호적인 관계가 되도록 해보자는 이야기를 나누기도 한다. 황태일은 사장과 직원의 관계는 고용인과 피고용인, 경영자와 노동자가 아닌 업무적 파트너라는 인식이 굳게 박혀 있다.

어떤 직원을 찾는지

그렇다면 황태일은 신입 사원을 채용할 때 어떤 관점에 주안점을 둘까.

신규 채용이라는 관점에서 새로운 사람을 찾을 때 일반적으로 매니저들은 경험이 풍부한 직원을 채용하는 실수를 저지르곤 한다. 하지만 사실 경력이라는 건

직원들과 대화하는 황태일

심하게 과대평가되어 있다. 특히 테크놀로지 업계에서는 더욱 그러하다. 왜냐하면 테크놀로지 업계의 신생기업들은 너무나 빨리 움직이기 때문에 반응이 정말 빨라야 하기 때문이다.

피스컬노트에서 찾는 첫 번째 기량, 첫 번째 특징은 직업적 궤도의 수준(level of professional trajectory)이다.

성과라는 것을 수학적으로 봤을 때 Y는 성과고 X는 시간이다. 경험이 풍부한 사람들은 변함없는 직선 궤도를 보인다. 일관되게 위로 올라간다. 하지만 아주 재능이 있는 사람들의 경우에는 어떤 일을 시켜도 상관없다. 항상 지수 곡선(exponential curve)을 보인다. 따라서 어느 시점이 되면 그들의 성과와 시간이 실제로 경력이 풍부한 사람들을 능가하게 된다. 따라서 시간이 지나면서 황태일이 배운 한 가지는 직접적 궤도의 수준이 아주 높은 사람들을 채용하자는 것이었다. 그들은 일을 아주 빨리 배울 수 있고 반응

도 아주 빠르고 자신들의 조직에서 아주 빨리 승진할 수 있다.

두 번째 특징은 윤리다. 그들은 좋은 인성과 마음을 갖춘 사람을 아주 면밀히 살펴본다. 보는 사람이 아무도 없을 때에도 옳은 일을 할 역량을 갖춘 사람들이 필요하다. 황태일은 그게 아주 중요하다고 생각한다.

마지막으로는 목적의식이 있는 사람들을 중시한다. 그냥 아침 9시에 일하러 와서 급여를 받고 5시면 사무실을 떠나는 게 아니라 뭔가 큰일을 이루고 싶어 하는 사람들 말이다. 반드시 야망일 필요는 없다. 문제를 해결하고 싶어 하는 어느 정도의 열정일 수도 있다. 따라서 열정적이거나 무척 창의적이거나 테크놀로지 기업의 초기 단계에 필요한 유형의 문제를 해결하고 싶어 한다는 점에서 무척 능동적이고, 세상을 총괄적으로 바라보는 사람들이 필요하다.

성공 CEO의 세 가지 조건

황태일은 CEO로서의 자신의 역할을 3가지로 생각한다.

첫 번째는 상품에 초점을 맞춘 CEO다.

우선 CEO는 상품에 대해 아주 잘 이해하고 있어야 한다. 상품이 어떻게 만들어지는지, 그 기술의 핵심적인 경쟁 가치가 무엇인지 잘 이해하고 알아야 한다. 근본적으로 이 상품이 앞으로 어떻게 발전해 나갈지 그 전망에 대해서도 나름의 이론적 근거를 가지고 있어야 한다. 그래서 그는 상품조직의 엔지니어들과 자주 만나고 깊이 있는 대화를 나눈다. 제품 라인을 발전시키기 위해 지속적으로 노력하는 중이다.

두 번째는 CEO는 브랜드를 관장하고 있어야 한다.

브랜드를 생활화하고 고객과 대화하며 회사가 상징하는 것은 무엇이며 문화적 가치가 무엇인가에 대해서 알고 있어야 한다고 생각한다. 언론, 외부 매체를 통해서 그리고 회담에서나 외부 제휴사들에게 회사를 대표해서 지속적으로 이야기할 수 있어야 한다.

세 번째는 키워드는 재능의 발견이다.

'재능'이라는 단어에는 두 가지 의미가 있다. 하나는 현재의 회사와 현재의 직원들로

동업자들과 황태일

어떻게 세계 최상의 기업을 만들 것인가 하는 점이다. 임원진을 위한 지속적인 경영자교육 지원부터 일상적인 업무평가와 급여에 대해 생각하는 것 등이 여기에 포함된다. 다른 하나는 채용하는 측면에서 어떻게 하면 유능한 인재를 모을 수 있을까 하는 점이다.

황태일은 기업이 자신이 원하는 인재를 모으기 위해서는 굉장한 문화를 갖는 것이 지름길이라 말한다. 그렇다면 피스컬노트의 문화란 어떤 것이 있을까.

나는 황태일이 만들어가는 피스컬노트의 문화 중 핵심은 투명성이라고 진단했다.

일반적인 기업과는 다르게 피스컬노트의 관리팀은 직원들과의 관계에서 100%로 투명하다. 재정보고서, 투자관계, 예상 매출 등 모든 부분에 대해 투명하게 경영되고 있다. 어떤 직원 혹은 인턴이든 CEO나 부사장에게 부서나 회사의 현재 상황에 대해 물어볼 수 있다. 황태일은 경영진과의 회의가 끝날 때마다 모든 투자 자료를 모아서 회사에 있는 모든 직원들에게 자료로 보낸다.

그리고 회사 모든 직원들과 전체 회의를 가진다.

그 때, 그는 앞에 서서 "질문 있는 사람 있나요?" 하고 묻는다. 이러한 투명성이 매우 중요하다. 사람들에게 직원으로서 그들이 무언가를 할 수 있다는 권한과 자유를 느끼게 해주기 때문이다. 매니저를 통해서 승인 받지 않아도 된다. 매니저의 역할이 직원들을 감독하는 것이 아니라 직원들을 도와주고 그들의 결정을 지지해주는 것이기 때문이다.

이러한 서비스적 리더십은 직원들로 하여금 경영을 지지하게 만든다. 사람들로 하여금 그들의 전문성 신장과 그들의 선택에 있어서 지지를 받는 느낌을 받도록 해주는 것이다. 피스컬노트의 직원들은 회사 동료들이 가족 같다고 말한다. 흔히 얘기하는 '가족적 분위기'가 형성되어 있다는 것. 도대체 가족적 분위기는 어떻게 구현될까.

내가 관찰하고 조사하고 대화하면서 내린 결론은 서로를 도와주는 것이다. 만약 누군가가 실수를 했다면 모두 자리에 앉아서 왜 실수를 했는지 이야기를 나눈다. 실수를 했다고 누군가가 비난하거나 해고하지 않는다. 스스로 진단하고, 잘못을 시인하고, 계속해서 배우려고 하는 한 그는 전폭적인 지지를 받는다. 회사에서 하는 다양한 일들이 있는데 이러한 다양한 요소들 - 투명성, 권한 부여, 지원관리, 가족적인 사고 등을 모아보면 현재 운영되고 있는 그 어떤 회사와도 근본적으로 다른 형태의 회사를 갖게 된다.

이러한 환경의 회사가 최고의 사람들의 마음을 끌게 할 것이다. 왜냐하면 최고의 사람들은 자유를 원하고 그들 자신이 결정과 선택을 하고 싶어 하기 때문이다. 그리고 지지를 받기 원한다. 이 회사를 지난 3년간 운영하면서 CEO로서 그의 경영철학은 그의 회사를 일하기 좋은 최적의 장소로 만들고 지속적으로 직원들을 지지해 줘서 그들이 만족을 느끼도록 하는 것이다. 그의 철학은 기본적으로 행복한 직원들이 고객도 행복하게 만든다는 것이다. 그리고 행복한 고객들은 그들이 해결하고자 하는 문제들을 해결할 것이다. 그래서 그는 매우 빠르게 돌아가는 조직에서의 자애로운 리더십을 보여주려고 노력한다. 쉽지 않지만 흥미로운 일이다.

최고의 사업가는 최고의 해결사

황태일은 돈을 벌고 싶어 하지 않는다. 황태일은 최고의 기업가는 문제를 해결하고 싶어 한다고 생각한다. 경영을 하는 이유는 돈을 많이 벌기 위해서가 아니라 많은 사람들을 위해 많은 문제들을 해결하기 위함이다. 새로운 상품과 서비스를 만들어내면 기본적으로 개개인의 문제를 해결하게 되는 것이다. 그들의 시간과 돈을 절약하게 도와주고 더 편리한 삶을 살 수 있게 해준다.

이것이 경영에 대해 근본적으로 다른 사고방식이라고 생각한다. 투자자와의 관계와 직원과의 관계에 대한 생각을 완전히 바꿔놓게 된다. 기본적으로 회사를 창립하거나 회사의 CEO라면 임무를 수행한다. 일정 사람들을 위해서 문제를 해결하기 위한 임무를 수행하는 것이다.

아시아계 미국인, 바꿀 수 없는 문제는 잊어라

많은 사람들이 아시아계 미국인과 젊은 CEO라는 두 가지에 대해 황태일에게 묻곤 한다.

이 두 가지 모두 이야기하기 어려운 쟁점이다. 미국의 기술 산업에 있어서 흥미로운 점은 젊다는 것이 실제 나쁜 것이 아니라는 것이다. 오히려 좋은 점이다.

사람들이 알고 있는 우리 세대 최고의 기술 분야 CEO는 모두 황태일보다 일찍 시작했다. 빌게이츠는 19살 때 시작했고 마크 주

코리아 이노베이션 센터(KIC) 연설자로 참석한 황태일

커버그도 19살에 사업을 시작했다.

오늘날 우리가 아는 주요 기술 분야의 CEO들은 청소년 시기에 회사를 만들었던 것이다. 황태일은 사실 자신이 벤처 기업을 시작하기엔 너무 나이가 많은 게 아닌가 생각한 적이 있다고 한다. 그는 자신의 진짜 사업은 아직 시작도 안했다고 말한다. 그렇다면 아시아계 미국인이라는 그의 본성의 특질은 과연 장점일까, 단점일까. 황태일은 아시아계 미국인으로서 미국의 백인 CEO와의 차이에 대해 많이 생각한다. 왜냐하면 그건 아주 중요한 쟁점이기 때문이다.

아시아계 미국인이 아직도 미국공공분야에서 5% 미만을 차지한다. 하지만 흥미로운 점은 기술 분야에 있어서는 아시아계 미국인이 아주 큰 부분을 차지한다는 점이다. 30%이상, 심지어 50%까지 계산하는 이도 있다. 그런데 한 기업안의 상황을 들여다보면 직위가 올라가면 갈수록 아시안의 수가 현격하게 줄어든다. 미국 내 지배층에는 백인 이외의 미국인 수가 적다. 50%의 아시안 직원이 있다면 20%의 아시안 매니저가 있고 5%의 아시안 임원진 그리고 1% 미만의 아시안 CEO가 있다.

황태일은 그 이유에 대해 생각했다. 그리고 아시안 문화와 미국 기업 문화의 차이를 발견했다. 미국 스타일, 미국식 관행은 매우 자신만만하고 야심차고 경쟁적이다. 이러한 점들이 한국이나 중국인들과는 다르다. 전통적으로 유교의 문화는 화합하고 의견을 일치하려고 노력한다.

이러한 것들은 의사결정을 늦추더라도 시장을 차지하기 위한 동업관계를 형성하는 방법을 찾는다. 이런 특징은 때로 소극적이고 내성적으로 보여 진다. 활기도 떨어지고, 도전의식도 없어 보이고, 야심조차 없는 평범한 직원으로 보이게 하는 것이다. 또 다른 측면에서 살펴보면 아시아계 미국인이 솔직히 높은 수준의 사업과 재정을 해보지 않았다는 것이다.

따라서 꼭 아시아계 미국인이라고 해서 성공하기 더 어렵다는 것이 아니라 경험 부족에서 오는 개인적인 어려움이 있을 것이다. 사업은 매우 관계 지향적이고 적절한 동업자를 찾는 것이 중요하다. 이 말은 관계를 쌓기 위해 조금 더 노력을 해야 한다는 걸 의미한다.

자신의 스타일로부터 조금 벗어나야 한다.

어떤 사람들에게는 어려운 일이다. 그리고 꼭 차별이 아니라 스스로 더 높이 나아가기 위해 더 노력을 해야 한다는 것이다. 그런 점에서 황태일은 아시아계 미국인의 일반적 특징이 그다지 나타나지 않는다. 그는 원하는 것이 생기면 거침없이 시작했다. 나이, 조건, 환경의 제약이나 한계를 굳이 따지려 하지 않았다. 하고 싶다면, 해야 한다면 그냥 하는 것이다. 기술적 분야에서 뛰어난 자질을 가진 그가 도전과 모험을 체질화 했기에 오늘의 피스컬노트가 가능했다.

황태일이 고백하는 성공과 공유의 철학

철학

미 베데스타 일간지에 소개된 황태일

"자신의 삶을 지배하라"

한국의 청년들에게 꼭 전하고 싶은 한 마디가 있다면 자신의 삶을 지배하라는 것이다. 다른 사람들, 부모님, 사회나 경제가 자신의 삶을 지배하게 해서는 안 된다고 말한다. 스스로가 자신의 삶을 지배해야 한다. 삶이 자신의 손이나 통제력에서 벗어났다고 생각하는 젊은이들이 많은 것 같다. 스티브 잡스는 세상을 떠나기 전에 "당신보다 그다지 똑똑하지 않은 사람들에 의해 온 세상이 창조되었다."고 말했다. 그 말은 여러분이 사회에서 보는 어떤 것, 어떤 문제든지 간에 여러분이 고칠 수 있다는 뜻이다. 여러분은 스스로의 삶에 대한 통제력을 갖고 있으며 그렇게 만들 수 있다.

"위기가 곧 기회이다"

물론 스티브 잡스도 지금 같은 경제 상황에서는 평생 동안 아주 열심히 공부하고 일하고 부모님과 사회에서 시킨 대로 학위를 받고 막상 취직을 하려고 보면 일자리가 전혀 없다는 걸 깨닫고 절망할지 모른다. 한국의 청년들이 이런 상황에서 도전의식을 계속 유지한다는 게 힘들다는 것도 알게 될 것이다. 이는 많은 사람들이 사기를 잃고 삶이 자신의 통제력에서 벗어났다고 느낀다는 사실을 말해준다. 하지만 감히 얘기한다. 그게 기회라고. 왜냐하면 경제적 현실로 인해 우리는 좀 더 창의적으로, 고정관념에서 벗어난 생각을 할 수밖에 없기 때문이다.

"위기가 창업에 도움이 되는 이유"

실제로 위기가 최고조로 심화되었다면, 그때가 사업을 시작하기 최적기 중 하나다. 그처럼 강요된 기회가 눈앞에 닥치면 생각하게 된다. 첫째, 자신의 삶을 가지고 뭘 하고 싶은지, 과연 그것이 미래에 본인이 진심으로 하고 싶은 일인지, 둘째, 내 삶에 대한 통제력을 갖기 위해 자신이 할 수 있는 일이 무엇인지에 대해 아주 비판적으로 생각하게 된다.

사업을 시작할 때 아주 큰 사업을 구상할 필요는 없다. 아마도 자신의 삶, 삶의 열정과 노선을 같이 하는 일을 하고 싶을 것이다. 그것은 아트 비즈니스일 수도 있고 이벤트 비즈니스일 수도 있다. 아주 작아도 자신이 열정을 갖고 있는 것이면 된다. 따라서 특히 신생기업의 기업가 정신은 경기 침체의 밝은 빛이자 빛나는 기회다. 그 시기에 자신이 진정으로 하고 싶은 일을 생각하고 사회를 둘러보면 해결되지 않고 있는 많은 문제들이 보일 것이다. 그 모든 문제들이 바로 당신의 사업 아이템이다.

"존재하는 모든 현상에 도전할 의무"

황태일

여러분의 부모님이나 선생님은 이런 말을 하지 않을 것이다. 여러분은 세계에서 가장 힘이 있는 사람 중 한 명이다. 당신은 세계의 정보에 접속할 수 있는 주머니에 들어가는 기기를 가지고 있다. 당신은 그 기기로 메시지를

0.5초 이내에 세계를 가로질러 보낼 수 있다.

지구 반대편에 있는 사람과 실시간으로 보고 대화할 수 있다. 알고리즘과 인공지능의 힘으로 이런 대화가 가능해졌고 미래를 예측할 수 있게 되었다. 이러한 것들은 한 세대 전엔 불가능했던 일이다. 불과 3, 40년 사이 우리 세대는 이 세계에 완벽히 적응했다. 우리 세대는 9.11사태, 경제 대공황, 기술의 빠른 침범을 겪었다. 이것이 우리가 아는 세계이고 편하게 느껴지는 세상이다. 세상은 변한다는 것이 우리가 아는 일반적인 것이다. 그리고 우리도 겪고 있다.

우리 세대에는 대부분이 자가운전 자동차 안에서 일을 하게 될 것이다. 게놈을 맞춤으로써 건강 위험성을 예측하는 비용이 저렴해질 것이다. 기술과 건전지, 에너지가 이산화탄소를 제거하는데 도움을 줘서 지구를 살리게 해줄 것이다.

이러한 모든 변화에도 불구하고 우리는 존재하는 모든 현상에 도전할 의무가 있다. 따라서 어떤 세대보다도 지구가 우리 손과 아이디어로 인해 변하는 곳이라는 것을 증명해야 한다. 이것은 여러분 모두에게 큰 진보의 발걸음이다. 끈질기게, 특출 나게 모든 것에 도전해야 한다.

"확신이 없을 때 최선의 선택"

확신이 없는 상태에서 할 수 있는 최선의 직업 선택은 실제로 급성장하고 있는 초기 신생기업이나 중견 신생기업(early to mid start-up)에 들어가는 것이다. 이를테면 한 방에 두 사람이 랩탑 컴퓨터만 놓고 있는 정도의 작은 기업을 말한다. 그러면 많은 요소의 위험 부담을 덜게 된다. 그리고 신생기업 환경의 아주 큰 부분에서 혜택도 누릴 수 있다. 예를 들면, 자신이 급성장하고 있는 신생기업의 60명의 직원 중 한명이라고 상상해보라. 자신이 제품이나 심지어 판매 관련 업무까지 한다고 상상해보라. 촘촘한 그물망 같은 그 회사의 성격상 마케팅, 고객 성공에서부터 제품 개발, 엔지니어링, 운영에 이르기까지 엄청나게 많은 걸 접할 수 있다.

대기업과는 일하는 방식이 다르다. 예를 들어 구글의 마케팅 부서에서 일한다면 엔지니어들, 제품 개발자들, 회사의 다른 부분들을 이해하거나 배우는 일이 거의 없다. 실제 대면하기도 어려울 것이다. 조직의 구조적 제약 때문이 아니라 단지 사람들이 너무 많다는 사실 때문에도 그렇다. 하지만, 신생기업을 선택한다면 배우면서 임금을 받을 수 있다. 그 업계와 자신의 직업에 대해 배우면서 물리적으로는 임금을 받는 것이다.

또 하나는 그 회사가 아주 급성장하고 있기 때문에 내년에는 120명으로 직원이 두 배로 늘어나고 내후년에는 200, 300명으로 직원이 두 배로 늘어난다고 상상해봤을 때 그렇게 두 배씩 성장하는 건 정말 어마어마한 것이다. 실제로 자신의 커리어에서도 많은 선택권을 갖게 된다. 왜냐하면, 자신의 첫 번째 직업을 고르는 아이디어는 선택권의 최대화(maximizing optionality)니까 말이다. 그러니 선택권을 최대화 하려면 배우면서 임금도 받는 직업을 찾고 최대한 많은 선택의 여지를 접하는 것이 정말 좋은 선택이 될 것이다.

"예산이 적을수록 창의성이 발휘된다?"

나는 돈에 대해 굉장히 보수적인 생각을 갖고 있다.

돈을 많이 가지고 있을수록 소비하는 것에 있어서 더 낭비적이고 게을러지기 쉽다. 돈이 적을수록 더 창의적이 된다. 예를 들어, 다리를 보면 세계에서 가장 훌륭하고 창의적이고 예술적인 다리는 최저 금액으로 만들어 졌다. 그 이유는 강요된 예산 제약이 새롭고 창의적으로 생각하도록 강요했기 때문이다. 대다수의 회사들이 안 해도 되는 것 말이다. 그러니 회사의 재정 상태가 넉넉하고 여유롭지 않다고 해서 좌절할 필요는 없다. 내 통장의 잔고가 바닥이라고 해서 슬퍼하지 않아도 된다. 바닥까지 내려갔다면 이제 올라갈 일이 남았구나하고 스스로를 위로하는 게 옳다.

"유망 벤처 기업 CEO의 소득은?"

솔직히 말해서 은행 계좌에 그다지 관심이 없다. 잘 들여다보지 않는다. 나는 월급을 받고 있다. 그 월급이 적다는 생각은 하지 않는다. 왜냐, 한 달 생활하는 데 돈이 부족하지 않기 때문이다. 대부분이 집 임대료, 식비, 교통비, 부모님께 드리는 용돈 이렇게 쓰고 있다. 돈에 관한 나의 관심은 거의 99.9% 회사의 주식과 관계가 있다. 그러니까 내가 진짜 돈을 벌려면 회사를 키워야 한다. 회사의 성공이 곧 나의 성공이 되는 개념이다.

피스컬노트가 기업 공개를 하게 되면 좀 달라질 것이다. 기업 공개를 하면 일종의 임금과 주식 보상금 같은 걸 받게 된다. 하지만 회사의 소유주는 회사의 아주 많은 부분을 소유하고 있기 때문에 수천만 달러, 수억 달러다. 그 정도 수준이 되면 자신이 받는 임금은 별로 상관이 없어진다.

"법조계(legal industry. 법률 산업)의 사업적 전망은"

법조계(법률 산업)는 상당히 거대한 시장이라고 생각한다.

따라서 아주 큰 대기업을 키울 수 있는 공간이 충분하다고 본다. 현재 크고 작은 법률 정보를 제공하는 업체들이 있는데 실제로 그 시장의 소프트웨어 부문은 330억 달러 규모다. 서비스 부문은 1조 달러를 넘는 규모라는 전망도 있다. 아주 흥미진진한 점은 법조계(법률 산업)에서는 오랫동안 혁신이 없었는데, 그렇게 오래되고 거대한 산업을 비로소 혁신할 계기가 다가오고 있다는 사실이다.

피스컬노트에는 인공지능이라든가 자연어 처리 같은 핵심 테크놀로지가 있다.

그러한 핵심 테크놀로지 덕분에 효과적으로 코트에 공을 굴릴 수 있을 거라고 생각하고 있다. 단순히 순수한 법적(법률) 분석만 하는 게 아니라 비즈니스 인텔리전스 (business intelligence. 기업들이 신속하고 정확한 비즈니스 의사 결정을 위해 사용하는 데이터의 접근, 수집, 보관, 분석 등의 애플리케이션과 기술의 집합)

컴플라이언스(compliance)까지 하는 것이다. 실제로 여러 기업들이 아주 크게, 적극적으로 그 분야에도 사세를 확장하고 있기 때문에 이 분야는 아주 유망하다고 판단된다.

"새로운 테크놀로지가 적용될 분야"

새로운 테크놀로지가 적용될 분야는 대충 어림잡아 백만 개는 있다. 그 중 하나가 교육이고 다른 하나는 기반시설(인프라)이다. 건강관리(의료)의 많은 요소들도 아직까지 해결되지 않았고 금융 서비스도 마찬가지다. 금융 서비스 내에서도 시장의 맨 아래쪽에는 은행에 제대로 접근하지 못하거나 서비스를 제대로 받지 못하는 사람들이 존재한다. 그건 정말 엄청난 기회다. 제조업, 특히 스마트 제조업(smart manufacturing)도 아주 흥미 있는 분야이며

바이오테크놀로지(생명공학)도 마찬가지다. 모든 종류의 산업이 다 해당된다. 따라서 혁신의 기회가 부족하지는 않을 것이다.

미 베데스타 일간지에 소개된 황태일

"신생기업이 과도하게 높이 평가되었다는 관점에 대해"

이윤, 수익, 비용, 크로스 마진 같은 비즈니스의 핵심까지 나눠보면 사회를 위해 적당한 양의 가치를 창출하는 기업들이 많이 있다. 하나의 기업이라는 점에서 피스컬노트는 돈, 이윤, 어느 정도의 현금 유동성을 창출하고 있다. 따라서 그것이 12배의 소득(실적), 90배의 소득, 60배의 소득으로 평가되건 아무 상관없는 일이다. 매년 성장을 거듭한다면 말이다. 평가라든가 투자자들이 20%의 RRR(요구수익률, required rate of return)을 원하는지, 14%의 RRR을 원하는지, 10%의 RRR을 원하는지, 어떠한 기대를 하고 있는지에 대해 좀 더 합리적이 되자는 것이다. 시장의 변화에 따라 그러한 기대가 재조정될 것이기에 현재의 평가는 언제든 수정될 것이다.

"회사를 시작할 때 가장 힘든 점"

회사를 시작하면서 가장 힘든 일은 아이디어를 제시하는 게 아니다.

피스컬노트 직원들과

누구에게나 아이디어는 있다. 솔직히 말해서 아이디어의 가치는 10센트도 안 될 것이다. 회사를 시작하면서 가장 힘든 일은 사실, 실행이다. 모든 게 실행과 관련되어 있다. 적임자들을 데려오고 적절한 사람들에게서 적절한 액수의 돈을 마련하고 적절한 동업자를 찾고 첫 번째 고객들과 이야기를 나누고 제품을 개발하고 시간표를 짜고 매일같이 다른 개인적인 문제들을 처리하는 것이다.

이것은 회사를 발전시키면서 매일같이 대처해야 하는 문제들이다. 미디어, 영화, TV 쇼, 드라마에서는 창업을 좀 더 화려하고 할리우드 같은 시각으로 보여주지만 실제로 그것은 일주일에 7일, 하루 24시간 동안 밑바닥에서부터 회사를 키우기 위해 여러 가지 문제 해결과 관련해서 계속되는 업무를 제대로 포착하지 못하고 있다. 신생기업에는 시간이 무한대로 있지 않다. 특정한 액수의 돈이 정해져 있고 목표 달성을 위한 시도의 횟수도 한계가 있다. 시간을 넘겨서 제품 개발을 할 수도 없고 처음 몇 달 동안은 판매도 할 수 없다. 이 모든 것들이 힘든 문제다. 심지어 하나하나씩이라 해도 말이다. 그 중 어느 하나라도 소홀히 한다면 즉각

적으로 회사를 죽일 수 있다. 따
라서 사업적인 관점에서 봤을 때
그건 전부 차례대로 씨름해야 하
는 큰 문제들이다.

미 샌프란시스코 금문교

　최고의 인재들을 찾고자 노력하는 것은 굉장히 힘든 과제다. 피
스컬노트 초기에 나의 하루는 최고의 인재들을 찾아서 채용하고
면접을 보는 것으로 보내야 했다.

　회사운영에 있어 우려하고 있는 것 : 에너지부문에 대한 국가의 정
책에 변동이 많기 때문에, 에너지 개발 및 보급회사들에게 피스컬노트의
유익함을 알리고, 에너지 정책의 변화에 영향을 줄 수 있는 매개체도 개발
을 해 상호 영향을 줄 수 있는 보다 예민한 시스템이 개발되어져야 하고,
국제적인 정책을 신속히 애플에 연결시키려면, 해당된 국가의 언어 및 커
뮤니케이션 코드를 디지털화 시키는 작업이 필요함

"걱정이 있다면"

　지금 걱정되는 것은 두 가지다.

　하나는 에너지 부문 내의 세계 경제 상황이다.

직원과 대화 중인 황태일

우리 고객 중 다수가 에너지 부문 내에 있기 때문에 그들이 지출을 많이 삼가는 상황에서 그들이 그것에 어떻게 대처할지 비판적으로 생각하는 것이 아주 중요하다. 또 다른 요소는 더 광범위한 테크놀로지 부문이 현재 급속한 하락세를 보이고 있다는 점이다. 관련 주요 기업들의 주가가 들쑥날쑥 한다. 그 때문에 앞으로 더 많은 투자 자본을 유치하기가 훨씬 더 힘들어졌다.

또하나는 인재 채용이다.

CEO가 항상 우려하는 한 가지는 어떻게 회사에 수준 높은 인재를 계속 채용하느냐는 것이다. 실리콘밸리와 테크놀로지 업계에서는 현재 거의 전쟁을 벌이고 있다. 최고의 제품을 만들기 위해 가장 두뇌가 비상한, 최고의 엔지니어를 손에 넣으려고 한다는 점에서 완전히 전쟁이다. 어떻게 하면 더 크게 생각하고 더 큰 문제를 해결하고 더 똑똑한 인재들을 유치할 수 있는지에 대해 생각하기 위해 계속 회사를 몰아 붙어야 한다. 왜냐하면 회사에 핵심

요소, 핵심 인재들이 없으면 장기적으로는 실패할 수밖에 없기 때문이다.

"실패에 대한 생각"

공직에 출마하거나 테크놀로지 기업을 시작하는 것처럼 위험 부담이 아주 높은 활동에 참여할 때 나올 결과는 성공 아니면 실패, 이 두 가지 밖에 없다. 나도 늘 실패에 대해 생각한다. 실리콘밸리에서 회사를 시작할 때도 거의 매일같이 그랬다. 다섯 명의 남자가 방안에 둘러앉아 아직까지 존재하지도 않는 회사에 대해 이야기해야 했다. 알고리즘도 제대로 모르고 제품을 사고 싶어 하는 사람도 아무도 없었다. 직원 중의 한 명과는 문제가 있었다. 하지만 감정적이 아니라 이성적으로 생각해 본다면, 어떻게 하겠는가? 자신이 직면하고 있는 문제가 있고 뭔가에 대해 불안하다면 실제로 그걸 어떻게 해야 할까? 계속 앞으로 나아가면서 성공 가능성을 높이는 쪽을 선택하든지, 아니면 중간에 포기하든지 둘 중하나다. 우리는 늘 어려움이나 장애물에 직면하게 된다.

나는 항상 스스로에게 질문을 던진다. '만약 내가 일종의 의사

결정 나무 (decision tree. 분류분석 기법의 일종으로 의사결정 규칙을 도표화하여 관심대상이 되는 집단을 몇 개의 소집단으로 분류하거나 예측을 수행하는 분석 방법)를 만든다면, 지금, 바로 이 자리에서 결정을 내려야 한다면, 그것은 계속 성공의 길로 갈 수도 있고 아니면 실패의 길로 가게 될 수도 있다.'는 것이다.

위험한 벤처 사업의 흥미로운 점은 가장 많이 알려진 한 가지 상수가 실패라는 것이다. 말하자면 우리는 늘 실패 곁에서 살아가고 있다.

"남녀 간의 차이"

피스컬노트의 최고의 매니저 중 몇 명은 여성이다.

그들은 그것에 대해 다른 접근방식을 갖고 있다. 그들을 주도하는 건 소셜 네트워크다. 이걸 통해 탄탄한 비즈니스 관계를 발전시키고 싶어 한다. 마치 어릴 때부터 함께 알고 지내는 사람들 사이에 존재하는 오래되고 지속적인 끈끈함 같은 관계를 만들어내고자 하는 것이다.

그런데 남성들은 너무 부정적이고 훨씬 더 업무적이다. 따라서 그게 더 안 좋을 수도 있다. 커뮤니케이션 스타일에는 여러 가지 다양한 것들이 있다. 하지만 통계적으로는 남녀 간의 의미 있는 차이가 있다고 생각하지 않는다. 셰릴 샌드버그(페이스북 CEO)가 있고 멕 휘트먼(2011년 9월 세계 최대 PC 제조업체 휴렛패커트(HP)의 CEO에 오른 인물)이 있고 칼리 피오리나(1999~2005 휴렛팩커드 최고경영자(CEO))가 있다.

테크놀로지 분야에는 그 외에도 다른 여성들이 많이 있다. 투자자들의 80, 90%가 남성들이다. 사실 그건 엄청나게 큰 문제다. 왜냐하면 여성 CEO, 여성 기업인들은 투자를 받는 데 더 힘든 시간을 보내기 때문이다. 그들이 동일시할 수 있는 투자자들이 그리 많지 않으니까 말이다. 사실 이 부분이 테크놀로지 업계에서 최고 중역의 역할의 다양성을 창조하는 데 있어서 가장 큰 문제라고 생각한다.

"서비스 리더십의 중요성"

서비스 리더십은 아주 중요한 자질이자 능력이다.

어떤 회사건, 단체건 그 회사나 단체의 조직 표를 보면 보통

CEO가 맨 위에 있고 CEO 밑에는 다수의 경영진이 있고, 그 밑에는 다수의 관리자들이 있고, 아래에는 직원들이 있다. 그러나 진정 뛰어난 CEO는 그의 리더십으로 조직 표를 거꾸로 뒤집어놓은 것과 같은 상황을 만들고, 그걸 이끌어가는 사람이다. 다시 말해서, CEO는 조직의 맨 아래에 있으면서 경영진들에게 자치와 목적의식을 부여 하고, 스스로 올바른 결정을 내리도록 지원하고 도와주는 역할을 하는 것이다.

모든 팀 일원들이 스스로 목표를 정하고, 스스로 운영 계획을 세우고, 스스로 리더라는 의식을 갖게 되면, 자신들의 고객을 대할 때 책임감과 친근감을 갖고 품격 있는 서비스를 제공할 수 있게 되는 것이다. 이러한 조직의 원리는 일반회사뿐 아니라, 비영리단체나 정부조직에도 적용될 수 있다고 본다. 예를 들어 정부조직을 이해하는데 있어서, 주지사건, 시장이건, 대통령이건 간에 최고지도자를 그 조직의 위에 있는 사람이라고 생각하는 의식은 효율적이 아니라고 본다.

최고 지도자나 일반 지도자들은 시민들의 위에 있는 것이 아니라, 오히려 시민들의 밑에서 그들을 도와주고 뒷받침해야 한다고 생각한다. 이러이러한 서비스 리더십은 어느 조직을 이끌어 가든지, 매우 효율적이고, 중요하다.

"성공에 대한 정의"

진정한 성공이란, 사회에 어떤 의미 있는, 혹은 긍정적인 흔적을 남기는 것이라 생각한다. 그건 어디에서 무엇으로 성공했느냐에 따라 다양한 방식으로 나타날 수 있다. 개인, 가정, 혹은 비즈니스를 평가할 때, 성공의 여부나 성공의 정도의 기준이 벌어들인 돈의 액수에 있지 않다는 것이다. 그 기준은 아마도 성공의 가치가 어디에 있으며, 무엇에 있느냐에 따라 평가가 되는 것 같다. 예를 들어, 애플에서 새로운 아이폰을 개발하고, 그 아이폰 판매 이래 10억 달러의 연수익을 냈다고 한다면, "애플회사가 금년 10억 달러의 수익을 올려 성공했다!" 라고 하지 않는다.

대신에, 만약 10억 달러의 수익이 새로 개발된 아이폰이 백만 개가 판매된 가치라 한다면, "애플회사가 새로 개발된 아이폰을 백만 개 판매하는데 성공했다!" 라고 할 수 있다. 즉, 10억 달러는 애플에 남겨져있지만, 백만 개의 아이폰은 사회에 보급되어 긍정적인 흔적을 보여주고 있기 때문에 성공을 증명해 보일 수

황태일

있는 것이다. 한 개인이 성공했다면, 그 사람이 사회의 어느 한 상태를 보다 긍정적이고 의미 있는 상태로 변화시킨 흔적이 보여 졌을 때 성공이 증명되는 것이다.

한 가정에서 부모가 부모로서 성공했느냐를 평가 할 때, 그 부모가 자녀들에게 많은 시간과 자원을 투자했다면, 그 투자의 규모로 성공 여부를 결정짓지 않는다. 부모로서의 성공은 부모가 자식에게 기대했던 무언가를 자식이 이루고 그 흔적이 보여 졌을 때, 그 성공이 증명이 되는 것이다. 지역사회 운영인(community organizer)이나, 지역 정치인의 성공은 그들이 일을 해내는 능력, 즉 어떤 위험한 장소에 정지 신호 (Stop Sign) 를 설치할 수 있는 능력, 도로의 움푹 패인 곳을 신속히 메우는 조치를 하는 능력, 고장 난 교통신호등을 빨리 발견하고 고쳐서 교통안전을 지켜줄 수 있는 능력 등등이 사회 속에 긍정적인 변화를 이끌어낸 흔적이 되어 그들의 성공의 여부와 성공의 정도를 평가 받을 수 있을 것이다.

따라서 성공한 인생인가 아니면 실패한 인생인가 궁금하다면 당신이 사회에 어떤 긍정적이고 의미 있는 흔적을 남겼는가를 검토해 본다면 알 수 있을 것이다.

"한국의 기업이 미국에 진출하기 위해선"

한국기업이 미국에 진출하기 위해서는 보다 차별화되고 독특한 전략이 필요하다. 미국의 어느 기업과 관계를 맺을 때에, 그 관계를 통해 회사의 가치를 높이고 이득을 구해야겠다는 데만 목적을 두지 말고, 파트너십을 통해서 더 우수한 제품과 기술을 만들어내고, 보다 큰 시장을 확보해 상호간 사업의 가치를 높이고, 사업의 영역을 확장시킬 수 있는 방법과 가능성을 고려해야 할 것이다.

함께 관계를 맺을 기업을 찾을 때에는 규모가 크고 명성이 있는 회사만 물색할 것이 아니라 소규모의 작은 스타트업 기업이라 할지라도 그 기업이 가진 기술이 정말 당신들이 찾고 있는 기술인지 또 그들의 시장이 당신들이 사업을 펼칠 수 있는 영역인지를 검토 확인 해봐야 될 것이다. 지금 현재 상황에서 긍정적인 부분은 지난날보다 해가 갈수록 기업가에 대한 관심이 점점 더 많아진다는 것이다.

미국에는 매우 뛰어난 컴퓨터 공학기술과 우수한 교육기관에서 기술과 학문을 익힌 인재들이 많기 때문에 소수인원만이 모여도 좋은 기술을 만들어낼 수 있는 확률이 높다. 그래서인지 세계 각국에서는 미국기업의 창업에 참여하고 돕고자하는 모임과 단체들이 급속히 많아지고 있다. 미국 내에서도 한국 청년들이나 한국기업인들이 창업하는 것을 적극적으로 참여하고 돕는 단체들이 생겨나고 있다.

이러한 단체들은 미국시장진출을 희망하는 한국스타트업을 소개해주고 이끌어주기 때문에 매우 흥미롭고 도움이 될 수 있어서 기쁘다. 또한 한국 사회와 미국 한인사회를 연결시켜 주고 이를 통해 한국경제에 도움이 될 수 있도록 발판을 마련해줄 수 있다는 점이 좋다.

황태일을 빛나게 하는 건 세상의 때 묻지 않은 순수함과 열정, 자신감이었다.

그 세 가지는 내가 만난 황태일의 중학교, 고등학교, 대학교, 그리고 지금 이 시간 사업가 황태일에 이르기까지 한결같이 유지되고 지켜온 기본이 되는 부분이다. 세 가지 중에 하나라도 변한다면 아마 황태일에게도 큰 시련이 찾아올지도 모르겠다.

황태일의 순수함은 부모님의 순수한 사랑과 신앙의 배경에서 나온 것이다. 그리고 열정은 남을 배려하고, 생각하고 남을 사랑하는 그 사랑에서 열정이 나오는 것 같다. 그런 배려와 사랑이 없었다면 열정이 나오지 않았을 것이다. 열정은 승부욕과 욕심에서도 나올 수 있다.

열정은 남을 사랑하는 마음에서 식지 않는 열정, 더 뜨거운 감동의 열정이 나온다. 욕심이나 야망에서 나오는 열정은 남을 힘들게 하고 서로에게 해가 되지만 순수함에 오는 열정은 같이 윈윈 할 수 있는 방법이다.

더 나아가 사회를 발전시키는 그러한 열정이 있다는 것을 나는 황태일을 통해 보았다. 황태일의 그러한 순수한 열정, 사랑의 열정, 배려의 열정 이런 것이 우리 사회에 정말 필요한 것이 아닐까 하는 생각을 했다.

이것이 옳은 일이기 때문에 성공할 수 있다는, 사회를 변화시킬 수 있다는, 변하게 만들어야만 한다는 필요성을 느꼈기 때문에 그가 확신을 갖고 자신감을 가질 수 있었던 것이 아닐까. 자신감이 없다는 것은 불안하다는 것이다.

그런 불안함 안에는 감춰진 죄가 있기 마련이다. 악의 없는 순수한 목표와 의지에서 나오는 자신감들은 어떤 풍파와 어려움에도 흔들리지 않는다. 반석처럼 강인한 자신감은 성장의 원동력이 되고 결국 목표를 이뤄내게 만들어 줄 것이다.

결론적으로 나는 황태일에게서 성공한 배경, 지식이 아닌 내면에 깔려 있는 종교적 사랑과 순수함, 진리를 좇아가고자 하는 그의 의지를 보았다.

그런 것들은 일반사람들에게 흔히 볼 수 없는 것이었다.

그런 마음을 가지고도 세상을 살아갈 수 있고, 사업을 성공할 수 있고 세상을 변화 시킬 수 있다는 사실을 황태일을 통해서 배울 수 있다.

이 책을 정리하면서 나에게 가장 큰 수확은 황태일의 삶을 들여다보는 것만큼 나도 내 자신의 과거와 현재와 미래를 다시 돌아볼 수 있는 귀한 시간을 가졌다는 것이다. 아마도 이 책을 읽으신 분들도 나와 비슷한 생각을 갖지 않았을까 생각한다.

2016년 황태일의 나이 24살, 그 시절의 나의 모습은 비록 황태일처럼 자랑스럽고 성공한 모습은 아니었다. 하지만 그 시절이 있었기에 오늘날 나의 현재가 존재하고 황태일과 같은 자랑스러운 대한민국의 청년도 만날 수가 있었다고 생각한다.

내가 황태일을 만날 수 있었다는 것은 아주 큰 행운이었고 축복이었다.

이인수